# COSTUMES

### HISTORIQUES

## DES XIIᵉ, XIIIᵉ, XIVᵉ ET XVᵉ SIÈCLES

I

PARIS. — IMPRIME CHEZ BONAVENTURE ET DUCESSOIS, 55, QUAI DES AUGUSTINS.

# COSTUMES

## HISTORIQUES

# DES XII<sup>E</sup>, XIII<sup>E</sup>, XIV<sup>E</sup> ET XV<sup>E</sup> SIÈCLES

TIRÉS

DES MONUMENTS LES PLUS AUTHENTIQUES DE PEINTURE ET DE SCULPTURE

DESSINÉS ET GRAVÉS

## PAR PAUL MERCURI

AVEC UN TEXTE HISTORIQUE ET DESCRIPTIF

### PAR CAMILLE BONNARD

NOUVELLE ÉDITION, SOIGNEUSEMENT RÉVISÉE

AVEC UNE INTRODUCTION

### PAR M. CHARLES BLANC

ANCIEN DIRECTEUR DES BEAUX-ARTS.

TOME PREMIER.

## PARIS

### A. LÉVY FILS, LIBRAIRE-ÉDITEUR

29, RUE DE SEINE, 29.

1860

# INTRODUCTION

L<small>E</small> costume est quelque chose de plus que l'habillement du corps ; il est aussi le vêtement des idées. Ce n'est pas pour rien qu'un calviniste est vêtu de noir et que la magistrature, en ses solennités, porte une robe rouge. A la manière dont les nations s'habillent, on peut reconnaître leur opinion sur les grands principes qui régissent les sociétés, leurs idées religieuses, leurs lois positives. Entre la démocratie américaine de nos jours et la féodalité du moyen âge, il n'y a pas plus de différence qu'il en existe entre le costume des seigneurs d'autrefois et le frac rigide que revêtent tous les citoyens des États-Unis, depuis le président jusqu'au pauvre nourri par la paroisse. Ainsi, pour qui sait voir, la physionomie morale d'un peuple se révèle dans ses habits tout

autant que dans sa littérature et dans le caractère de ses monuments. C'est, du reste, ce qu'exprime fort bien le mot *costume*,
qui signifie en italien l'ensemble des usages, des mœurs et des
coutumes d'une nation, y compris ses vêtements, ses meubles,
ses armes et tous les accessoires de sa vie. Mais en empruntant
ce mot de la langue italienne, les Français lui ont donné un
sens restreint : ils l'ont appliqué seulement à la manière de se
vêtir, comme si cette différence comprenait à elle seule toutes les
autres.

Il faut croire que, dans les temps primitifs, les hommes étaient
égaux devant le soleil et qu'ils ne songeaient pas à se distinguer
entre eux par une façon particulière de se garantir du chaud ou
du froid. La carte du monde, dessinée par les mers, les fleuves
et les montagnes, n'indiquait pas encore des peuples divers, et
en attendant que le costume des nations vînt colorer la géographie, il n'y avait sur la terre que l'humanité. Cependant les
grandes familles du genre humain se groupèrent sous l'influence
des climats, qui fut sans doute la première cause de leur formation;
et cette influence, en rendant de plus en plus prononcée la différence de leurs caractères, amena les différences du costume. Les
Orientaux empruntèrent les rayons du soleil pour en tisser leurs
vêtements; les Occidentaux se firent des parures moins éclatantes
et composèrent l'harmonie de leurs ajustements de nuances tem-
pérées; les hommes du midi se défendirent contre un ciel brûlant,
par l'ampleur et l'aisance de leurs tuniques, ouvertes au passage
de l'air; les hommes du nord se taillèrent des habits d'une fri-
leuse élégance dans la fourrure des bêtes... Mais bientôt les ri-

valités s'éveillèrent, les limites naturelles furent franchies par la
conquête, la guerre trancha les territoires, et la haine fit plus
pour constituer les peuples que n'avaient fait les éléments et les
climats ; elle marqua entre eux des séparations plus hautes que
les montagnes et plus profondes que les mers. Les nationalités
devenues militaires se distinguèrent alors par leurs armes : les
hommes firent consister leur luxe dans les instruments de mort ;
ils accusèrent leur personnalité, ils montrèrent leur grâce par
la manière originale dont ils tuaient leurs semblables.

Dans la suite des siècles, des démarcations s'établirent, non
plus entre les nations seulement, mais entre les individus d'une
même nation, et elles se traduisirent encore par les variétés du
costume. Aux inégalités du droit répondirent les inégalités du
luxe ; les malheureux furent élevés à fabriquer la soie, le velours, le brocart, les dentelles, pour ceux-là mêmes qui les oppri-
maient. Les distinctions sociales prirent une forme visible et
palpable dans la coupe du justaucorps et du manteau ; les nobles furent nobles depuis le sommet de leur coiffure jusqu'aux
talons de leurs souliers, et les vilains furent vilains depuis leurs
bonnets jusqu'à leurs sabots. Ce n'est pas tout : les professions
voulurent se distinguer à leur tour, et, à défaut de la noblesse
personnelle, elles se créèrent une noblesse collective ; elle eurent
leurs devises, leurs armoiries, leurs bannières, leurs costumes ;
et ces costumes, dans une même profession, varièrent encore
d'un pays à l'autre. Le marchand affecta de porter à sa ceinture
une bourse de cuir ; le médecin ajouta l'imposante austérité de ses
habits à la gravité voulue de son maintien ; l'apothicaire de Flo-

rence ceignit un turban rouge ; le notaire de Sienne mit un chaperon violet ; le basochien de Paris se coiffa d'un bonnet uni-
corne, enjolivé de boutons ou rehaussé d'une plume de coq ;
enfin, par ordonnance de nos lieutenants de police, les courti-
sanes durent porter une ceinture dorée, sans doute pour faire
comprendre combien eût mieux valu pour elles une bonne re-
nommée.

Il est remarquable que partout le caractère des époques se
reflète immédiatement dans les costumes, et cette loi se vérifie
surtout dans notre histoire de France. Chaque règne imprime
son cachet sur la forme des vêtements de la nation. Sous François I$^{er}$, par exemple, et sous les Valois, on s'habille pour les
tournois, le bal et l'amour, je veux dire pour la galanterie ; le
costume est leste, élégant, cavalier, artiste. Au commencement
du XVII$^e$ siècle il devient plus digne et plus lourd, sous l'influence
de l'Espagne, qui était aussi enflée dans ses habits que dans sa littérature et son langage. Sous Louis XIV tout est rangé, ordonné,
classé selon les lois d'une étiquette de plus en plus sévère. La
toilette est régentée comme le commerce, l'industrie et la littérature ; les modes ont leurs lois tout comme les consciences. Sans
parler de ces distinctions pompeusement grotesques, telles que
les justaucorps *à brevet*, qu'imagina Louis XIV pour nuancer la
courtisanerie autour de sa très-haute personne, le costume de la
bourgeoisie fut soumis à des ordonnances qui, pour n'être écrites
nulle part, n'en étaient pas moins observées. On devait porter en
hiver les velours, les satins, les ratines et les draps ; au printemps
les silésies et les camelots, et les taffetas en été. La règle des

trois unités, Dieu me pardonne ! n'était pas plus rigoureuse
que l'obligation de prendre les fourrures à la Toussaint, de quitter
les manchons à Pâques et le point d'Angleterre après Longchamps.
Au xviiie siècle, le costume fut naturellement modifié selon l'esprit
du temps. Il est clair que les perruques du grand siècle eussent
embarrassé Fronsac dans ses équipées. Pour escalader les murs
des couvents et rosser le guet, il fallait être armé à la légère ; on
s'habilla donc avec moins de solennité et plus de grâce. Bientôt
l'exemple de passer par-dessus les lois de l'étiquette vint de la
cour elle-même : Marie-Antoinette, fatiguée de l'esclavage que lui
imposait la royauté, osa se défaire à son petit-lever de cette tour-
nure qu'on appelait alors des *paniers* et quelquefois d'un nom
plus vif. La liberté du costume entra ainsi dans le palais de
Louis XVI et prit place sur le trône, entre une reine gracieusement
laitière et un roi naïvement serrurier.

Enfin, la Révolution française éclata et avec elle les principes
d'égalité se répandirent dans le monde. Le costume, qui était le
côté voyant des distinctions sociales, fut ramené par les uns à une
simplicité significative, par les autres à une austérité qui ne tarda
pas à dégénérer en affectation. Le tiers-état avait paru dans la
procession des états généraux, gravement vêtu de noir, et les nobles
avaient bientôt renoncé non-seulement à leurs priviléges, mais à
la richesse et à l'élégance de leurs habits. Sous la Convention na-
tionale, quand la révolution fut démocratique, le luxe devint
suspect, les recherches de la toilette furent regardées comme un
signe d'aristocratie, et il fallut au chef de la Montagne un rare
courage pour oser, en pleine séance des Jacobins, jeter par terre

le bonnet rouge, et pour conserver, au plus fort de la tempête populaire, son costume aussi soigné, aussi apprêté que celui d'un marquis d'autrefois, son habit nankin rayé vert, son gilet à fleurs et son jabot en point d'Alençon.

Depuis cette grande et terrible époque, en dépit de toutes les réactions, l'égalité s'introduisit dans les idées et dans les mœurs, et elle se fit reconnaître à l'uniformité de l'habillement. Les Français, qu'on avait proclamés égaux devant la loi, sont égaux maintenant devant le peintre, et le xix$^e$ siècle a vu s'établir en France cet invariable, ce triste habit noir dont la mode s'est étendue peu à peu sur toute l'Europe comme une vaste tache d'encre. Mais que dis-je ? l'habit noir n'est pas une mode! Il s'en faut, c'est une idée, c'est presque un principe, et voilà tantôt un demi-siècle que cette manifestation triomphe de toutes les résistances de l'ancien monde, de toutes les velléités de distinction, de toutes les vanités. Le niveau passé sur les citoyens d'un même État passe aujourd'hui sur les divers peuples, et ce qui était en France un signe d'égalité devient en Europe un symptôme de cosmopolitisme. Allez à Venise, vous n'y verrez plus ces jeunes seigneurs qui se promenaient sous les arcades des Procuraties, nonchalamment enveloppés d'un manteau de taffetas rose, ni ces Pregadi qui traversaient la place Saint-Marc pour se rendre au sénat, tenant à la main un béret noir. Allez à Madrid, vous y trouverez les grands d'Espagne vêtus comme nos agents de change, et peut-être même habillés par les tailleurs qui étalent à la montre de nos boulevards des pantalons faits d'avance pour des jambes inconnues et des gilets qui attendent le chaland à bras ouverts. Allez à Édimbourg, vous serez surpris

de n'y pas voir ce costume écossais si complaisamment décrit par
Walter Scott, et dont la tradition ne s'est guère maintenue que
dans les régiments de l'armée anglaise et parmi les chevriers des
montagnes. Visitez Amsterdam, Berlin, Pétersbourg, Vienne,
Genève, Milan, Rome, Naples : tant de peuples différents de race,
de religion, d'idées et de mœurs, vous apparaîtront dans le même
appareil sous des climats complétement divers. Ces costumes que
Le Prince allait dessiner en Russie pour en faire des eaux-fortes
si vives ou des imitations de lavis si colorées, ces bonnets phrygiens
et ces lâches vêtements du lazzarone qui étaient naguère encore
les mêmes que du temps de Masaniello et de Salvator, ces courtes
vestes en drap puce rehaussées de boutons à la hussarde, que,
dans mon enfance, j'ai vu endosser aux paysans corses par-dessus
leurs ceintures..., tout cela tend à disparaître, tout cela disparaît.
Le monde échappe aux coloristes et se couvre d'une teinte plus
unie et plus austère qu'une grisaille. La chaleur et le froid pourront
bien modifier les détails de l'ajustement, mais ils ne changeront
rien à la base uniforme du costume de l'Europe et des Amériques.
Une fourrure de plus, une cravate de moins n'empêcheront pas
l'affreuse redingote et le triste paletot de recouvrir les épaules du
Suédois comme celles du Portugais. Hélas ! l'esprit réformateur
est allé jusqu'à découronner les Orientaux de ce magnifique
turban dont la forme et l'usage remontaient aux patriarches de la
Bible, et sous le nom de *fez,* les Turcs ont adopté par ordre un
chapeau de drap mou, qui, en attendant qu'on le teigne en noir,
est une simple transition pour arriver à l'horrible coiffure que le
langage familier de nos artistes a si bien flétrie.

Nous ne parlons pas ici du costume des femmes : celui-là n'a aucune importance historique, parce qu'il naît des caprices d'une matinée et qu'il dure moins qu'un quartier de lune. Les principes d'une société ne sauraient être extérieurement exprimés par une chose aussi variable que la mode des femmes. Au lieu de représenter une convenance générale, la mode n'est le plus souvent que le triomphe d'une fantaisie individuelle; toute une nation féminine est capable de se condamner au ridicule pour ce qui a été un moment la grâce des reines d'un jour. On ne saurait donc raisonnablement chercher une cause à ces formes changeantes, si ce n'est l'éternelle envie de plaire. Les vêtements des femmes sont des armes préparées pour les continuelles escarmouches du combat de la vie, et rien de plus heureux que le mot de Jean-Paul : « Les femmes, comme les soldats, jettent leurs armes quand elles se reconnaissent vaincues. » Quant aux costumes militaires, ils ont une bien autre signification; leur persistance montre clairement que le principe de la guerre a toujours des racines profondes dans ce vieux sol labouré par la philosophie de tant de siècles. Si l'Europe en redingote témoigne de la fraternité des nations, les uniformes russes, allemands, anglais; les soldats autrichiens vêtus de blanc et nos fantassins en pantalons garance disent assez que la paix du monde n'est encore qu'un rêve. Et cependant, chose curieuse à observer ! les plus acharnés ennemis s'empruntent parfois leur costume. Nos zouaves, par exemple, sont équipés à l'africaine, et les troupes de Giulay et du général Hess ont dù être fort surprises dans la dernière guerre, de se voir attaquées par des Parisiens vêtus en Arabes. Ainsi, jusque dans leur ma-

nière de s'armer l'une contre l'autre, les nations accusent le
mélange qui doit un jour les réconcilier et les confondre.

Que si nous considérons maintenant le costume sous le rapport
de l'art, nous le verrons suivre les mêmes phases que dans l'ordre
historique. Les plus anciens monuments de sculpture, les peintures
des vases grecs et des vases étrusques nous montrent des repré-
sentations de la figure humaine, ou dans sa nudité ou avec un
vêtement qui n'a rien de la précision d'un costume. L'art grec,
dans son épanouissement le plus beau, recouvre ses héros et ses
dieux d'une simple draperie qui n'a rien de spécial, rien qui se
rapporte plutôt aux mœurs d'un pays qu'à celles d'un autre. De
même que la forme chez les Grecs est absolue, de même la draperie
est dans leurs sculptures le vêtement abstrait de la forme. C'est
seulement aux époques inférieures ou de décadence que l'art romain modela des costumes dans les bas-reliefs. On vit des Daces
vaincus, des Sarmates dessinés sur la colonne Trajane et sur les
arcs de triomphe de Septime-Sévère et de Constantin, avec leurs
braies froncées à la cheville et leurs sayons barbares. Le moyen
âge, dont l'art procédait d'une imitation naïve, fut très-attaché à
la reproduction des habits du temps. Les peintures des manuscrits
et des vitraux en sont remplies. On retrouve la même préoccupa-
tion dans les œuvres de la Renaissance italienne, avant qu'elle ne
se fût dégagée entièrement de l'esprit gothique. Les fresques du
Campo-Santo, de Pise, auxquelles ont travaillé plusieurs généra-
tions de peintres, sont une mine de renseignements curieux sur
les costumes de la Toscane. Depuis Giotto jusqu'à Gentile Bellini,
et même jusqu'à Giorgion, les plus grands artistes de l'Italie

tirèrent un très-heureux parti de l'observation des vêtements si pittoresques et si finement nuancés de leurs contemporains. Mais lorsque l'art fut arrivé à son apogée avec Michel-Ange et Raphaël, on le vit dépouiller complétement cette habitude, qui avait persisté chez le Pérugin, de composer un tableau avec des portraits et d'en habiller les personnages selon la mode du pays. Raphaël lui-même, dans le *Sposalizio*, avait obéi aux anciens usages ; mais lorsque son génie se fut développé jusqu'au sublime, lorsqu'il peignit l'*École d'Athènes*, il sentit ce qu'il y avait de mesquin à revêtir des figures héroïques de costumes modernes, à mettre la chemisette d'un Médicis aux personnages de l'Évangile, à donner aux jeunes assistants du mariage de la Vierge les chausses collantes et le toquet d'un page des Borgia. Aussi l'*École d'Athènes* est-elle conçue, sous le rapport des draperies, comme l'eût été une composition d'Apelle ; les vêtements y présentent le caractère général, absolu que leur avaient imprimé les Grecs dans leurs ouvrages d'art. De même, les Prophètes de la chapelle Sixtine sont enveloppés de manteaux qui n'ont pas été coupés par les tailleurs de Rome, mais imaginés, taillés et ajustés par le génie de Michel-Ange. Le grand art n'admet que les figures nues et les figures drapées, il n'admet pas les figures *costumées*. Il ne connaît ni le satin, ni le velours, ni le taffetas, ni le brocart. La spécification des étoffes appartient à ce style inférieur que nous appelons le *genre ;* on peut donc être assuré qu'un artiste qui recherche l'exactitude des costumes restera dans les régions secondaires de son art, et que les sujets où cette exactitude est commandée ne sont pas ceux qui comportent le plus grand style. Et cette vérité n'a pas cessé encore d'être comprise, car aujourd'hui même vous ne trouverez pas de costumes dans les peintures héroïques de M. Ingres, ni dans les plafonds de M. Delacroix, ni dans ces cartons palin-génésiques de Chenavard, grandiose, mâle et profond discours sur l'histoire universelle, ni dans ces belles et pâles fresques d'Hippolyte Flandrin, dont les figures passent sur les murs de l'église comme des ombres heureuses, vêtues de la lumière des limbes.

De nos jours cependant la connaissance du costume, dans la grande acception du mot, est devenue en peinture une nécessité. A la suite du mouvement que nous apporta le romantisme, l'archéologie a fait de tels progrès qu'il n'est plus permis d'ignorer les moindres concordances du costume historique. Paul Delaroche a été parmi nous le représentant le plus notable de ce style qui s'enrichit de détails, qui emprunte son intérêt des usages, des vêtements, des ustensiles, des armes d'une époque. Personne n'a plus utilement remué le mobilier de l'histoire, personne n'a spécialisé davantage les habits ou les armures de ses héros ; et, il faut bien en convenir, ce soin minutieux donné aux détails que d'autres eussent tout exprès négligés, fut en grande partie la cause du succès de Paul Delaroche. On aimait à reconnaître dans l'*Assassinat du duc de Guise* les tentures, les moulures de l'appartement de Henri III, son prie-Dieu, son bois de lit, ses courtines de soie, et le pourpoint du Balafré et le manteau court des mignons. Ainsi restituée avec la savante fidélité, avec le goût parfait qu'y aurait su mettre M. Duban, cette chambre du château de Blois, où s'était consommé le meurtre, appelait, retenait tous les

spectateurs du Louvre ; on croyait y être, on y était. En abordant
ainsi par le côté imprévu des accessoires les acteurs de son drame,
Paul Delaroche spéculait fort juste sur l'impression qu'éprouve-
raient le plus grand nombre à toucher au doigt, par exemple,
les gants décousus de Cromwell, son justaucorps usé par le
haubert, son feutre poudreux. Il est moins facile, en effet, de
comprendre le caractère historique d'un héros par sa physionomie,
son attitude ou son action, que de s'en faire une idée d'après les
détails de sa personne et de le saisir dans l'intimité de ses habi-
tudes. Voilà pourquoi le costume joue un si grand rôle maintenant
que le sens du grand art nous échappe et s'en va, maintenant
que nous avons élevé le genre anecdotique aux proportions de
l'histoire, et que, faute de pouvoir atteindre aux degrés supérieurs
de l'art, nous agrandissons l'importance de l'art inférieur.

Quoi qu'il en soit, il n'est plus possible aujourd'hui de réagir
contre cette tendance universelle. Sans doute on peut encore
peindre, comme l'a fait Prudhon, la mythologie antique ; on peut
trouver encore de la majesté au Jupiter d'Homère, de la grâce à
Vénus, et il n'est pas défendu de rajeunir ces belles divinités dont
la légende s'appelait autrefois une poésie (*vi mando la poesia di
Venere*, écrivait le vieux Titien)..... Mais tant que nos peintres
voudront mettre en scène l'histoire moderne, il faudra bien,
puisque cette histoire est habillée jusqu'au menton, qu'ils nous la
montrent dans la vérité de son costume. Qui oserait, grand Dieu !
braver l'archéologie et l'ethnographie modernes, affronter les
foudres de l'École des chartes ? Au point où nous en sommes, les
petites erreurs seraient moins tolérées que les grandes ; car il est

permis, hélas! de se tromper sur l'esprit des choses, mais non sur la lettre.

Il faut donc regarder comme essentiellement utiles aux artistes les ouvrages où l'on peut puiser l'érudition obligée du costume proprement dit et de ce qu'on entend par *costume* en général. De tous ces ouvrages, il n'en est pas de mieux conçu, de plus délicatement exécuté que les *Costumes de Mercuri*, publiés par Camille Bonnard, avec un texte explicatif et historique. Pourquoi cet ouvrage est-il peu connu, même des artistes? Nous aurions de la peine à l'expliquer. L'époque de sa première publication était on ne peut plus opportune : c'était en 1829, au moment où le romantisme envahissait tout. On n'entendait parler que de pourpoints, de crevés, de bouffantes, de la simarre du podestat, des souliers à la poulaine du petit Jehan ; on n'était pas décemment meublé si l'on ne possédait un vieux dressoir ou une crédence, et il ne convenait pas de boire autrement que dans des hanaps. Toutefois les *Costumes de Mercuri* n'eurent pas le succès qu'on en devait attendre, soit à cause de leur prix élevé, soit par l'incurie des éditeurs. En 1845, une édition nouvelle fut publiée, et celle-là n'eut pas non plus de retentissement. Elle demeura presque enfouie dans la maison de commerce qui en avait acheté les planches, et qui était occupée alors à répandre dans le monde entier quatre-vingt mille exemplaires des *Souvenirs et Regrets* de M. Dubufe. Quelques années auparavant, nous étions le très-humble élève de MM. Calamatta et Mercuri dans leur atelier commun, situé au coin du passage Tivoli et de la rue de Londres. Là nous vîmes souvent revenir sous le châssis du graveur ces cuivres des

*Costumes*, que Mercuri retouchait et complétait, tout en travaillant à la *Jane Gray* de Paul Delaroche, et à la *Sainte Amélie* qu'il modelait au moyen des ingénieuses égratignures de sa fine pointe. Il nous souvient à ce propos qu'un jour, comme nous disions à M. Mercuri qu'il était accusé de lenteur dans l'exécution de ses gravures, il retourna la planche de *Jane Gray* et il nous montra, sur le cuivre, des entailles qui marquaient le nombre de jours qu'il y avait déjà employés. « Vous le voyez, nous disait-il, personne ne ferait en si peu de jours tant de besogne ; » et, en effet, le nombre des entailles était peu considérable. Mais je ne sais comment cela s'est fait, la planche de *Jane Gray* est restée vingt-quatre ans sur le chantier, et Paul Delaroche est mort sans avoir vu quels prodiges de talent on avait dépensés à le traduire.

Ce graveur illustre, qui se croyait diligent et qui n'était qu'admirable, M. Mercuri, a fait du livre des *Costumes* une suite d'autant plus curieuse qu'elle est remplie de portraits de personnages fameux, tirés des peintures les plus authentiques. En parcourant l'Italie, en visitant, pour y chercher la matière de leur ouvrage, les églises, les couvents, les palais, les musées, les bibliothèques, les hôpitaux et autres monuments publics, Mercuri et Bonnard se sont attachés de préférence aux peintures qui représentaient des figures historiques, telles que Cimabuë, Platina, Sixte IV, Éléonore de Portugal, Côme de Médicis, le duc d'Urbin, Charles d'Anjou, Maximilien Ier en son armure et sur son cheval de bataille, Pétrarque couvert d'un capuchon rouge bordé d'hermine, et Laure dans une pudique robe montante de damas vert brodé d'or. La curiosité de nos lecteurs sera satisfaite, non-seulement par la vue

des ajustements gracieux, variés et pittoresques dont se compose
la toilette de trois grands siècles, et par la rencontre de certains
portraits précieux qu'on chercherait vainement ailleurs, mais
encore par le plaisir de connaître le style de ces premiers maîtres
de la Renaissance italienne, que nous avons beaucoup trop sacri-
fiés aux grands maîtres du xvie siècle. A chaque feuillet que nous
tournons dans ce beau livre, nous nous trouvons en présence
d'un fragment de quelque ouvrage célèbre. Peintures murales,
sculptures des mausolées, statues, miniatures, médailles, monnaies, tous les monuments de l'art ont été consultés, contrôlés
par un amateur plein de zèle et de savoir, et copiés d'un crayon
ferme, expressif et délicat, par un artiste qui s'est placé, depuis,
au premier rang de la gravure en Europe. Ici, ce sont les fresques
de Spinello Aretino et de Benozzo Gozzoli dans le Campo-Santo,
de Pise : Mercuri en a détaché des costumes charmants, celui
d'un jeune écuyer en soubreveste jaune changeant, avec une
ceinture verte mêlée d'or et des éperons d'argent, et celui d'un
noble Florentin coiffé d'un chapeau violet à bourrelet blanc,
duquel pendent de longues oreillettes de mousseline qui s'enroulent
comme une écharpe autour du bras. Là, c'est une peinture de
Pier della Francesca qui a été enlevée du mur et transportée au
Vatican, dans la galerie des tableaux : Mercuri en a extrait les
deux principales figures, celles de Sixte IV et du savant Platina,
qui fut le premier bibliothécaire du Vatican. Plus loin, ce sont
les fresques que Pinturicchio exécuta dans la sacristie de Sienne,
avec l'aide du jeune Raphaël : Mercuri en a retiré le costume d'un
page en chlamyde, qui tient à la main une toque écarlate, et

l'uniforme d'un officier de la cour de Frédéric III. Parmi les précieuses décorations de la chapelle des Espagnols à Santa-Maria-Novella de Florence, Mercuri a distingué le portrait de Cimabuë peint par Simone Memmi, et il a dessiné ce portrait avec toute la naïveté de l'original. Le maître de Giotto est représenté avec un manteau court, blanc, brodé en or, et la tête couverte d'un capuchon de la pointe duquel pend un cordon également en or. C'est encore à Simone Memmi que sont empruntés les portraits de Pétrarque et de Laure, qu'il nous souvient d'avoir longtemps regardés dans cette même église de Santa-Maria-Novella, que Michel-Ange appelait l'*épouse*, église adorable, qui ne sera jamais oubliée de ceux qui l'ont vue.

Le peintures de Luca Signorelli qui se voient à la chapelle Sixtine, celles de Filippino Lippi, qui décorent l'église de la Minerve, un tombeau sculpté par Mino da Fiesole dans la même église, les tableaux de Vanni et d'Ambrogio Lorenzetti à l'Académie des beaux-arts de Sienne, les miniatures de Sano di Pietro à la bibliothèque de cette ville, tout ce que la Lombardie et l'État de Venise renferment de documents peints sur muraille ou sur toile, gravés dans le cuivre, ciselés dans la pierre ou enluminés dans les manuscrits, tout cela est dessiné avec précision et avec grâce, tout cela est très-vivement et très-finement mis en couleurs dans ce bel ouvrage de Mercuri et de Bonnard que tous les artistes vont lire et que tous les curieux consulteront. Il n'est pas en effet de mine plus riche à exploiter pour les peintres du genre historique, pour les dessinateurs d'illustrations, pour les érudits, les archéologues, les amateurs.

Mais un tel livre s'adresse particulièrement aux artistes dramatiques et aux directeurs de la scène, dans les grands et les petits théâtres. Là, il faut l'avouer, la fidélité du costume est de toute rigueur, et c'est même un indispensable élément de succès ; le public est maintenant si instruit en cette matière, et partant si difficile, que les infractions d'un directeur, les hérésies d'une cantatrice sont sur-le-champ relevées avec amertume. Il n'y a pas cent ans, on représentait *Sémiramis* dans un palais d'architecture corinthienne, dont les jardins étaient remplis de plantes d'Amérique. On jouait *Mérope* avec une robe de pou de soie noire et *Phèdre* avec cette coiffure à la française que madame Vestris ne voulut jamais quitter, même après la Révolution. Les héros d'Homère et les dieux de l'Olympe se présentaient en habit brodé, l'épée au côté. Vénus arrivait sur la scène en paniers, et on la trouvait charmante ; Flore avait soin de poudrer son toupet et Mars ne pouvait se montrer qu'avec une perruque à la brigadière. Voltaire et M. de Lauraguais furent les premiers à protester contre un tel oubli du sens commun. Lekain essaya la réforme et il se crut très-hardi en introduisant la peau de tigre dans les rôles de Sarmates. Mais ce furent mademoiselle Clairon, dans l'*Orphelin de la Chine*, et Talma, dans le *Charles IX* de Chénier, qui véritablement inaugurèrent le costume. Depuis, que de recherches, que d'études, que de scrupules ! Les pièces de Victor Hugo et d'Alexandre Dumas ont si bien formé le public en fait de costumes, qu'il est des époques et des drames pour lesquels les spectateurs en blouse de l'Ambigu et des Délassements seraient d'une orthodoxie inexorable.

*c*

Pour en revenir à la question d'art, je veux dire à la peinture, que l'importance du costume soit une marque de progrès ou un signe de décadence, il n'en est pas moins vrai qu'il n'est plus permis à un peintre d'ignorer ces convenances historiques ou de les négliger dans les sujets qui les comportent. Maintenant, où nous conduira l'archéologie, et quelle sera son influence sur la peinture? C'est ce qu'il importerait d'examiner, mais la question est vaste, et nous ne pouvons ici qu'en toucher un mot. Autrefois la peinture n'était pas conseillée par l'érudition, mais elle était inspirée par le sentiment. La science du peintre consistait à bien peindre. Il pouvait se tromper sur un détail d'ajustement, tomber dans l'erreur relativement à l'histoire naturelle, ou à la géographie, ou à la chronologie, mais il savait modeler une figure, éclairer son tableau, mettre chaque chose à son plan et faire un ensemble. Paul Véronèse commettait des anachronismes monstrueux, dont il ne s'inquiétait guère au surplus ; mais c'était un décorateur éblouissant, merveilleux, et même, dans certaines circonstances, il devenait un peintre expressif et plein d'âme. Lesueur s'est trompé lorsqu'il a revêtu les cardinaux de la pourpre romaine, à une époque où ils ne portaient pas encore ce pompeux costume, mais il n'en a pas moins fait un des tableaux les plus attachants de sa belle suite de la *Vie de saint Bruno*. Joseph Vernet ne comptait pas les cordages, les clous et les chevilles de ses navires, mais il en connaissait le mouvement et les allures, et il savait nous intéresser vivement à ses *tempêtes*, à ses *naufrages*. Ruysdaël n'était pas un naturaliste, mais il répandait sur ses paysages une mélancolie qui les rend sublimes...

Oui, cela est triste à dire, les exigences du costume et de l'érudition ne sont venues qu'aux époques de décadence. Le seul
Nicolas Poussin a su profiter de ses connaissances en les subordonnant aux grandes lois de son art; il s'en est servi, non pour
les montrer, mais pour augmenter l'intérêt de ses tableaux, pour
fortifier l'impression qu'ils devaient produire. Ainsi comprise,
l'archéologie est sans doute une ressource de plus pour l'artiste ;.
mais ce n'est pas autre chose, et encore en faut-il user discrètement. Aujourd'hui, la peinture a une tendance trop évidente à se
spécialiser, à se rapetisser de plus en plus dans la recherche des
minuties; elle abandonne les grandes idées pour les petits moyens;
elle ne voit dans l'histoire que des anecdotes, elle se complaît
dans les accessoires, elle exagère l'importance de certains détails
étrangers à son domaine, et la plupart de nos peintres, semblables
à des rhéteurs qui se payent de mots, aimeraient mieux manquer
l'expression d'une figure que de ne pas peindre un bras de fauteuil dans le style rigoureux du temps... Un jour viendra peut-être
où la peinture, armée de toutes pièces, enrichie par les inventions
matérielles de la science, aidée au besoin par la photographie,
qui semble venue tout exprès pour faire sentir la supériorité de
l'art; un jour viendra, disons-nous, où la peinture, revenant aux
grandes traditions avec plus de lumières, se relèvera pour entrer
dans une carrière nouvelle, pour accomplir de nouvelles destinées.
Suivant alors la marche du genre humain vers l'unité, elle remontera des détails à l'ensemble, du relatif à l'absolu; elle
regardera un peu moins au pourpoint et un peu plus à ce qu'il
recouvre ; elle n'aura plus à représenter des Français, des Italiens

ou des Allemands, mais des hommes ; elle étudiera ce poëme du corps humain qui résume à lui seul toutes les harmonies de la nature, pour y chercher non plus le caractère de telle ou telle classe d'individus, mais le caractère de l'humanité, et rejoignant ainsi les époques radieuses où l'art atteignit à ses dernières hauteurs, elle retrouvera la beauté absolue de la forme, qui réside dans le nu, et la beauté absolue du vêtement, qui est dans la draperie.

CHARLES BLANC.

Paris, novembre 1859.

# PRÉFACE

## DE LA PREMIÈRE ÉDITION

———◦◦◦———

Ce n'est que vers le douzième siècle que commence la brillante période qui renferme l'histoire des républiques du moyen âge. Les peuples de l'Italie, épuisés par les efforts qui avaient donné à Rome l'empire du monde, amollis et corrompus par les richesses de l'Orient, virent s'écrouler devant les sauvages nations du Nord le colosse de leur grandeur. Abattus, découragés, ils traînèrent leurs fers dans un morne silence, réduits à obéir désormais à ceux qui naguère combattaient dans leurs amphithéâtres pour leurs cruels plaisirs. Oubliant ce qu'ils avaient été et ce qu'ils pouvaient redevenir, les Italiens végétèrent pendant plusieurs siècles, avilis par ce sombre désespoir qui émousse toute énergie, et détruit tout esprit national. Tout à coup un cri retentit dans l'Italie : la dure éducation de la barbarie et du malheur, de vieux souvenirs presque effacés, réveillent les peuples de leur engourdissement. L'ordre social se rétablit, les ténèbres se dissipent, et la bienfaisante civilisation étend partout ses conquêtes.

Des auteurs, illustres par leur doctrine, se sont livrés à l'envi aux recherches les plus difficiles et les plus pénibles pour dissiper l'obscurité qui enveloppait

*f*

l'histoire du moyen âge. Ils ont eu la gloire immortelle de renouer les anneaux de la grande chaîne qui unit les fastes de l'empire romain avec les événements qui préparèrent la régénération de l'Europe. Plusieurs, excités par l'éclat brillant des faits historiques, se sont servis des premiers monuments des arts renaissants, pour tenter de transmettre à la postérité la connaissance des rites, des costumes et des usages des peuples, premiers moteurs de l'état de la civilisation auquel notre génération est arrivée. On a publié en France, en Italie et en Angleterre quelques ouvrages de ce genre; mais, quel qu'en soit le mérite, ils sont cependant encore ou imparfaits ou insuffisants. M. Bar a réuni dans six volumes les costumes religieux et militaires; mais les cinq cent quatre-vint-cinq planches dont cet ouvrage est enrichi ont été exécutées avec tant de précipitation qu'elles ne peuvent être que d'un bien faible secours. La *Hiérarchie ecclésiastique* du P. Bonanni, ses *Catalogues* des ordres religieux et des ordres militaires ont le même défaut et celui de ne donner que des notions bien vagues sur les temps antérieurs à l'époque où il publiait son ouvrage. Je ne parlerai pas ici de cette foule de séries de costumes imités ou copiés d'après ceux du Titien; tous postérieurs au quinzième siècle, ils ne sont appuyés que sur les plus faibles autorités, et manquent d'ailleurs des descriptions si nécessaires pour leur explication.

M. Richard Gough a publié, sous le titre de *Monuments sépulcraux de la Grande-Bretagne*, le plus bel ouvrage qui existe peut-être. Ce recueil réunit à la plus scrupuleuse exactitude toutes les qualités nécessaires pour faire autorité. Le texte est plein d'érudition et répand un grand jour sur l'histoire des principales familles d'Angleterre. Cependant un travail si précieux, si digne de louanges, ne peut servir qu'à préciser quelques costumes anglais, et son extrême rareté le rend presque inconnu à la plupart de ceux qui cultivent les beaux-arts.

Le P. Montfaucon a doctement expliqué divers usages et costumes de France; malheureusement les planches qui accompagnent un ouvrage si estimable n'en sont pas dignes.

On a publié en outre un grand nombre d'autres recueils, ou dérivés de ces deux derniers, ou imparfaits, ou inexacts.

L'Italie renferme, soit dans ses édifices publics et religieux, soit dans les manuscrits de ses bibliothèques, les monuments les plus authentiques; elle offre aux recherches de l'érudition des mines aussi riches que celles qu'on a exploitées dans ses musées pour l'explication des antiquités grecques et romaines. En composant le recueil que je présente au public, j'ai choisi de préférence les portraits des personnages illustres pour les faire figurer comme costumes du temps auquel ils appartiennent, et il en est résulté le double avantage de l'authenticité et de l'intérêt historique. J'ai emprunté aux chroniques contemporaines les notices qui m'ont paru le plus utiles pour expliquer les usages de cette époque, et j'ai cru devoir y joindre les épisodes et les anecdotes les plus intéressants, afin de réunir sous une forme variée tout ce qui peut préciser les mœurs, et fournir même des sujets de tableaux aux peintres.

Quoique le public ait accueilli avec indulgence mes premiers essais, je voudrais cependant pouvoir excuser deux défauts trop remarquables pour n'avoir pas été saisis par mes lecteurs. Le premier est, lorsque j'ai dû recueillir dans les diverses parties de l'Italie tout ce que les arts naissants ont laissé de positif sur les costumes, de n'avoir pas observé un ordre chronologique dans leur distribution[1], et de ne les avoir pas classés d'après le rang des personnages auxquels ils appartiennent. L'autre défaut porte sur un point plus essentiel : je n'ai pas pu préciser partout la nature des étoffes dont se composaient les vêtements.

Du treizième au seizième siècle, les costumes n'ont éprouvé en général que des variations momentanées ou peu importantes : j'ai trouvé fréquemment, ainsi que j'en produirai plusieurs exemples, des pierres sépulcrales du quinzième siècle avec des figures vêtues de la même manière que dans les deux siècles précédents. Cette grande uniformité, qui, pendant deux siècles et demi, n'a éprouvé que des modifications légères, ne rendait pas une classification rigoureusement indispensable. Une impatience pardonnable de produire un travail qui me promettait, pour prix de tant de soins, un succès certain, serait peut-être une excuse suffisante

---

[1] Nous avons évité, dans cette nouvelle édition, la faute commise par Camille Bonnard dans la première; mais, en classant nos costumes par ordre chronologique, nous n'avons pas cru devoir les classer d'après le rang des personnages : cette classification était inutile dans un ouvrage qui n'a rien à voir avec les préjugés qu'aurait voulu respecter M. Bonnard. Ch. Bl.

pour atténuer ma première faute ; mais quant à la seconde, il eût été bien difficile de pouvoir l'éviter. Qui pourrait en effet deviner les étoffes d'après des peintures dont l'exécution laisse tant à désirer, et que le temps ou de barbares restaurations ont également mutilées et défigurées ? J'ai dû recourir aux livres, unique ressource pour m'éclairer ; mais je n'ai obtenu pour prix de mes recherches, que des notions vagues et insuffisantes, dont j'ai cependant tâché de faire usage le plus à propos qu'il m'a été possible.

L'amitié et la reconnaissance m'imposent le devoir de faire ici une mention particulière de M. Paul Mercuri, jeune peintre romain. Il a été mon collaborateur et mon compagnon dans mes voyages. C'est à la finesse et à la précision avec lesquelles il a dessiné et gravé tous ces costumes, que je dois principalement attribuer la faveur avec laquelle le public a accueilli cet ouvrage.

CAMILLE BONNARD.

LO TIRANNE, DUCA DI BOCARA

# COSTUMES

HISTORIQUES

## DES XII<sup>e</sup>, XIII<sup>e</sup>, XIV<sup>e</sup> ET XV<sup>e</sup> SIÈCLES

---

## BONIFACE, DUC DE TOSCANE

---

Vers le XI<sup>e</sup> siècle, l'Italie était divisée en *marches* et *comtés*. Chacune de ces divisions obéissait à un chef dont le pouvoir, quoique parfois héréditaire, était cependant véritablement électif; non que son choix dépendît des votes du peuple, car il était conforme à la volonté des empereurs. Chaque ville avait un comte qui, de concert avec les juges, prononçait sur les différends du même peuple. Les comtes et les autres employés subalternes obéissaient aux gouverneurs des marches, appelés *marquis :* et ceux-ci, se réservant la connaissance des causes les plus importantes, dépendaient si peu des empereurs qu'ils jouissaient presque d'un pouvoir absolu [1], bien qu'ils dussent recevoir *leurs envoyés* ou *commissaires impériaux.*

Boniface entra en possession du marquisat ou duché de Toscane vers l'an 1034. Dans l'année 1037 il épousa en secondes noces Béatrix, fille de Frédéric, duc de

---

[1] Florentini, *Memorie per la storia della contessa Matilda.*

Lorraine, et c'est d'elle que lui naquit l'an 1046 la célèbre comtesse Mathilde. Ce prince fut assassiné avec une flèche empoisonnée l'an 1052 [1].

Le duc Boniface est coiffé d'un bonnet d'or avec un pierre précieuse dans la partie supérieure, traversé par une bande formée par deux liserés rouges et des raies noires et bleues. La chlamyde est verte et semée de boutons rouges ; elle est ornée d'une large bande dorée et enrichie de pierres précieuses. La doublure en est verte. L'habit est bleu clair et garni d'une bande d'or et de pierreries dans la partie inférieure et aux manches. Les chausses sont rouges avec des cercles dorés à mi-jambe. Le coussin est brun-rouge avec un réseau écarlate. La chaise est jaune avec des colonnes torses vertes. Le fond en est bleu. Le marchepied est vert avec des ornements jaunes.

[1] Muratori, t. V, *Rerum Italicarum scriptores*....., Pref. al poema di Donizon.

LA COMTESSE MATHILDE

XI<sup>e</sup> Siècle

Imp. F. Chardon Jne - Hautefeuille Paris

---

# COMTESSE MATHILDE

---

Il serait inutile de faire ici une digression sur l'héroïne du moyen âge. Non-seulement la comtesse Mathilde a été célébrée par des écrivains contemporains, mais encore elle a été depuis l'objet des plus savantes recherches. Tous les historiens s'accordent à vanter sa force d'âme, sa générosité, sa beauté et son érudition qui brilla facilement au milieu d'un siècle de ténèbres ; mais sa piété et son dévouement au saint-siége ont surtout contribué à sa célébrité [1].

J'ai extrait le costume de la comtesse Mathilde du poëme de Donizon. Si l'art du XI<sup>e</sup> siècle, tombé dans la décadence la plus complète, a été insuffisant pour nous transmettre les traits de cette princesse illustre, il a su du moins nous conserver son costume. La même miniature a servi encore à confirmer l'exactitude de mon observation sur les vêtements ecclésiastiques, savoir qu'ils ne différaient pas de ceux des séculiers. On y voit, en effet, le chapelain de Canossa n'y avoir d'autre signe apparent du sacerdoce que la tonsure. Du reste, son costume est entièrement semblable à celui des séculiers qui figurent dans les autres miniatures.

La comtesse Mathilde est coiffée d'un bonnet d'or de forme conique, orné de pierres précieuses dans la partie inférieure ; il repose sur un voile couleur de rose, mais dont la couleur varie dans d'autres costumes, où elle est souvent blanche. La chlamyde est couleur de laque et ornée d'une bande dorée enrichie de pierres pré-

---

[1] Florentini. *Memorie per la storia della contessa Matilda.*

cieuses; elle est retenue sur l'épaule gauche par un cordon rouge, et laisse entièrement libre l'épaule droite : elle diffère en cela de la chlamyde des hommes.
La robe est bleu de ciel avec de larges manches terminées par une bande dorée,
qui se voit encore autour du cou. Cette manière d'attacher la chlamyde paraît
générale dans les costumes de femmes. La manche de dessous est couleur de laque.
Le coussin et le marchepied sont verts et ornés de fleurs. La traverse de la chaise
est rouge et repose sur deux petites colonnes vertes avec le chapiteau bleu. Le
fond est de velours cramoisi. Les deux pilastres supérieurs sont noirs avec des
ornements bleus et deux filets jaunes. Les colonnes torses sont rouges et terminées
par un fleuron rouge sur un fond bleu. L'encadrement supérieur est fond noir avec
des ornements verts et des filets jaunes. Le fleuron du milieu est rouge et la petite
boule est verte. La partie supérieure du fond de la chaise est bleue.

Dans le même manuscrit est également représentée la duchesse Béatrix, mère
de la comtesse Mathilde. Son costume est entièrement semblable à celui de sa fille ;
il n'y a de différence que dans le bonnet : celui de Béatrix est sémisphérique, tandis
que celui de sa fille est de forme conique.

ALEXANDRE VITELLESCHI

---

# ALEXANDRE VITELLESCHI

---

Si l'on pouvait attribuer le costume suivant à l'époque à laquelle semble le faire remonter l'inscription du monument d'où il a été extrait, il ne devrait pas figurer dans ce recueil, puisqu'il appartiendrait à la série dont se formerait la collection des costumes du Bas-Empire. Mais il est hors de doute que la pierre sépulcrale d'Alexandre Vitelleschi, dans la ville de Corneto, fut placée fort long-temps après sa mort. Si la date a été observée quand on a gravé l'inscription, on a commis certainement un anachronisme en donnant à la figure qui représente ce chevalier le costume du XIII° siècle; voilà pourquoi je n'ai pas hésité à le faire figurer dans ce recueil.

Le marbre ne pouvant indiquer la couleur des vêtements, je vais tâcher d'y suppléer par les observations réitérées que j'ai faites sur les anciennes peintures. Le manteau et la soubreveste étaient ordinairement couleur de terre de Sienne obscure, les longues chausses couleur de plomb et la toque rouge. La poignée de l'épée, qui par sa longueur semble indiquer qu'on s'en servait à deux mains, était dorée; le fourreau en était ou bleu ou rouge. Ce personnage, étant chevalier impérial et comte palatin, portait les éperons dorés. La ceinture, ainsi que le prouvent plusieurs peintures, était assez fréquemment verte avec des filets dorés et des pierres précieuses.

L'INTÉRIEUR SAINT MARC À VENISE

# ÉGLISE SAINT-MARC

Il s'est passé trop d'événements mémorables dans cette célèbre église, elle a été également le théâtre de trop de cérémonies pompeuses, pour qu'on ne nous sache pas gré d'en placer ici une vue intérieure, afin de donner en même temps une idée de l'architecture grecque du moyen âge. Cette église fut achevée vers l'an 1071, et enrichie de marbres précieux et de mosaïques à fond d'or, avec une telle profusion qu'elle passe avec raison pour un des temples les plus magnifiques de la chrétienté.

C'est sous le portique de cette église qu'eurent lieu l'entrevue et la réconciliation du pape Alexandre III et de l'empereur Frédéric Barberousse. Aussi ce pontife, reconnaissant envers la république de Venise, institua, pour prix des secours qu'il en avait reçus, la cérémonie du mariage du Doge avec la mer Adriatique.

Qu'on nous permette de reproduire ici un passage du livre de *Paris à Venise*[1] où sont écrites une à une toutes les impressions que nous avons ressenties à Saint-Marc et dans tous les autres monuments de Venise :

« Étrange église ! elle est sombre et tout y brille ; elle resplendit, mais dans l'ombre.

« Le premier sentiment qu'on éprouve est celui d'une stupeur mêlée d'incerti-

---

[1] *De Paris à Venise*, notes au crayon, par M. Charles Blanc.

tude. On ne sait pas bien si on est à Constantinople ou à Moscou, en Espagne ou à Venise; si on se trouve dans un temple ou dans une mosquée, si c'est l'Évangile qu'on va lire ou le Coran...; mais on est averti bientôt par une figure colossale de Christ qui se dresse au fond de l'abside.

« L'église est couverte de mosaïques, étamée d'or, revêtue des marbres les plus rares, damasquinée comme une armure, historiée comme un manuscrit du moyen âge, traversée de légendes et d'inscriptions en diverses langues qui mêlent leur grimoire à l'obscurité des peintures symboliques. Des milliers de figures d'apôtres, de prophètes, de saints, d'anges et d'archanges, de héros et de martyrs, se dessinent sous les dômes, dans les voûtes, dans les niches, sur tous les murs, rappelant encore, sous des formes devenues barbares, les grandes lignes sculpturales de l'art grec.

« Saint-Marc est un temple primitif : son plan est celui d'une croix grecque ; la nef est en arcades soutenues par des colonnes de marbre onyx, à chapiteaux de bronze doré, d'un corinthien romantique. Pour que les hommes ne fussent pas mêlés aux femmes, on avait ménagé à celles-ci des tribunes au-dessus des ailes latérales de la nef. Ainsi, tout nous reporte aux premiers temps du christianisme.

« Le pavé est à lui seul un sujet inépuisable d'admiration. Il se compose de myriades de petits cubes de marbre, de la dimension d'un dé à jouer, qui forment, par la combinaison des couleurs, des mosaïques d'un dessin bizarre, des figures, des ornements, des arabesques d'une variété infinie.

« Le sacristain nous a nommé tous les marbres de ce pavé merveilleux ; le jaspe fleuri, le jaspe sanguin, la lumachelle, la griotte d'Italie, tous les genres de brèche et de granit, le vert antique, le vert de mer, le blanc de l'Hymète, le rouge de Vérone, le portor, la serpentine, le turquin, le porphyre rouge, le porphyre noir et jusqu'au lapis-lazuli.

« Saint-Marc est le plus riche de tous les temples, et cependant les yeux y sont moins occupés que l'esprit. Tout y porte à la méditation et à la rêverie ; le regard est ébloui, mais c'est la pensée qui travaille... »

NOBLE VENITIEN

# NOBLE VÉNITIEN

Les costumes vénitiens antérieurs au XIII\* siècle tiennent beaucoup des costumes grecs de la même époque. La figure suivante est extraite des mosaïques de la porte de l'église Saint-Marc. Le bonnet est violet, surmonté d'une perle et orné d'une broderie d'or. La chlamyde est verte, brodée en or et doublée d'écarlate. Elle est nouée sur l'épaule à peu près de la même manière que dans le costume du comte Boniface, qui commence le présent volume. L'habit de dessous est violet et richement brodé en or à l'épaule, aux manches et dans la partie inférieure. La ceinture est rouge, avec boucle et ornements en or. Les chausses sont vertes et ont une rangée de petits boutons. La chaussure est noire et bordée de blanc. Ce costume de noble vénitien est plusieurs fois répété dans ces mêmes mosaïques, sans offrir de variations autres que celles des couleurs.

Noble Nortigner

# NOBLE VÉNITIENNE

Ce costume se rapporte à une époque qui ne présente pas de variations bien sensibles dans la forme et les ornements des vêtements. Cette figure de noble vénitienne, extraite des mosaïques de la porte de l'église Saint-Marc à Venise, est coiffée à peu près comme les précédentes, mais elle a de plus un voile violet qui lui entoure le cou et lui retombe sur les épaules. Le manteau est vert, doublé de bleu et enrichi de broderies et d'étoiles d'or. La robe est violette avec broderies en or. La chaussure est rouge.

La Dogaresse est absolument vêtue comme la comtesse Mathilde. Il n'y a de·différence que dans la coiffure. Elle a les cheveux épars et porte une couronne d'or.

Les costumes de femmes des premiers siècles de la monarchie française ont également une très-grande analogie avec ceux que m'ont offerts ces précieuses mosaïques.

FIANÇAILLES

XIII<sup>e</sup> SIÈCLE

7

# FIANÇAILLES

Dans le XIII* siècle, les lois lombardes étant encore en vigueur dans la majeure partie de l'Italie. Lorsqu'un homme voulait engager sa parole d'épouser une femme, il lui mettait un anneau au doigt, et cette cérémonie précédait naturellement celle qui se célébrait en présence du prêtre, et dont je traiterai dans l'article suivant. Dans cette occasion la fiancée recevait de son père ou de ses frères un don nommé *phaderphium*, comme équivalent de l'héritage paternel, quelle qu'en fût la valeur. Les Lombards, pour protéger un sexe trop faible, ordonnèrent qu'aucune femme ne pût se passer de la tutelle ou protection d'un homme ; de sorte que tout acte consenti par la femme seule était déclaré nul. Cette tutelle se nommait *mundium*, et l'homme qui en était investi avait le titre de *mundualdus*. Lorsqu'un homme se mariait, il n'avait pas pour cela la tutelle de sa femme ; il fallait qu'il achetât ce droit de son frère ou de tout autre parent au prix qu'ils fixaient entre eux. Ce prix se nommait *meta, mephium, methium*, et devait se constituer et même se payer le jour même de la célébration des fiançailles. Si le mari venait à mourir avant sa femme, celle-ci restait sous la tutelle de son héritier : et si elle voulait contracter un nouveau mariage, le second époux, pour obtenir la tutelle, devait rembourser à l'héritier du premier le prix que ce dernier avait payé [1].

[1] Muratori, *Antiquitates Italicæ medii ævi*, Diss. XX.

T. I.                                                                    4

Les figures suivantes sont extraites d'un manuscrit latin de la Bibliothèque du Vatican, coté n° 1389. Un jeune homme, en présence des parents, met un anneau à l'index de la main droite de sa fiancée ; cet usage a varié dans la suite, puisque aujourdh'ui l'anneau se place à l'annulaire de la main gauche. La jeune fille porte une petite couronne d'argent retenue sur le front par un filet noir. Le manteau est ouvert sur les côtés et doublé d'hermine ; il est de damas ainsi que la robe, dont les manches sont de la même étoffe. Les broderies du manteau et de la robe sont d'or sur des bandes alternativement vertes et couleur de laque ; la dernière, dans le bas de la robe, est couleur de laque. La chaussure est noire. La mère est coiffée d'un voile blanc ; le reste de ses vêtements est couleur de minium. Le père est vêtu d'écarlate avec un capuchon de même étoffe et garni d'hermine. L'habillement de l'époux est entièrement d'une étoffe bleu de ciel.

Une pierre sépulcrale de Jean des Fuschi, dans l'église de Sainte-Françoise-Romaine à Rome, et une autre appartenant à un jeune homme de la famille Porcari, dans l'église de Saint-Jean *della Pigna*, offrent toutes deux une répétition du costume du jeune fiancé représenté dans la planche suivante. Cependant la première de ces deux tombes porte la date de l'an 1342, et la seconde celle de l'an 1403 ; ce qui confirme encore ce que j'ai dit dans ma préface sur le peu de variations qu'éprouvèrent les costumes pendant près de deux siècles.

MARIAGE

XIIIᵉ SIÈCLE

8.

# MARIAGE

Sous les Lombards, après les fiançailles, on passait à la célébration du mariage en présence d'un prêtre. Quatre hommes soutenaient par les angles un voile sur la tête des époux, et les ministres de l'autel leur plaçaient en outre des couronnes sur la tête : ces couronnes, composées de fleurs, étaient ordinairement relevées en forme de tours. Il paraît, d'après la miniature qui m'a fourni les détails qui remplissent la planche précédente et celle-ci, que, vers le XIII· siècle, ce rite avait éprouvé des variations. Au lieu d'un voile soutenu sur la tête des époux, ils ont les épaules couvertes d'une même draperie ; l'épouse seule porte une légère couronne d'argent.

Outre les avantages que le mari faisait à sa future épouse dans l'acte des fiançailles, je dois encore ajouter le *morgincap* ou *présent du matin*. Ce don consistait en une obligation, de la part de l'époux, d'une partie de ses biens à sa femme ; et cette donation s'effectuait le lendemain de la première nuit de leurs noces. Une loi du roi Luitprand en fixe le maximum au quart des biens du mari. Des fêtes et des repas proportionnés à la fortune des familles alliées succédaient à ces diverses cérémonies[1].

Dans la planche ci-contre, le prêtre est vêtu de gris. Le costume des deux époux est semblable à celui de la gravure précédente. Le manteau qui leur couvre les épaules

[1] Muratori, *Antiquitates Italicæ medii ævi*, Diss. **XX**

est couleur de minium et doublé d'hermine. La mère de la jeune épouse est coiffée d'un voile blanc transparent. La robe et le manteau sont couleur de minium. Le père est vêtu d'écarlate avec liseré d'hermine. Le père de l'époux porte également des vêtements d'écarlate avec garniture d'hermine. Le devant de l'autel est bleu avec encadrement doré ; la nappe de l'autel est blanche ; le calice et le petit chandelier sont d'or : ce dernier, répété dans d'autres miniatures, semble avoir été fort en usage dans les offices divins. La tenture de l'église est formée avec une étoffe fond bleu à fleurs d'or, garnie dans la partie supérieure d'une bande rouge changeant en vert, ornée d'une frange d'or. On a représenté dans la même miniature le clocher de l'église, sur lequel flottent les bannières des deux familles des époux.

FAUCONNIER ALLEMAND
XIIe siècle

# FAUCONNIER ALLEMAND

Les nations septentrionales, passionnées pour l'exercice de la chasse, qu'elles considéraient comme l'amusement le plus noble, en répandirent l'usage en Italie, où il n'était pas beaucoup pratiqué, du temps des anciens Romains. Le privilége de porter l'épée en signe de noblesse et de valeur, et l'amusement de la chasse étaient chers aux peuples du moyen âge. On voit encore, d'après les statuts de la ville de Modène, que l'amour de la chasse et l'usage des oiseaux de proie se conservèrent pendant fort longtemps[1]. Le traité de Frédéric II, duquel j'ai extrait les deux costumes précédents et celui-ci, mérite d'être signalé à tous ceux qui feraient des recherches sur ce point de l'histoire ; il est en effet rempli de détails sur la manière d'élever des faucons et de s'en servir. Je n'omettrai rien de ce qui pourra être utile à connaître, en dehors même de la précision des costumes, qui est l'objet spécial de cet ouvrage.

Ce fauconnier porte une livrée qui paraît avoir été commune aux autres employés des chasses de l'empereur. Son bonnet est blanc et orné de filets noirs. L'habit est traversé par des bandes alternativement violettes, blanches et vertes, toutes avec des liserés rouges ; il est ouvert depuis la ceinture jusqu'en bas et dans la partie supérieure pour y passer la tête, mais il est fermé sur la poitrine par des

---

[1] Muratori, *Antiquitates Italicæ medii ævi*, Diss. **XXIII**.

boutons. Les manches de dessous sont bleues avec des filets noirs. La chaussure est terre d'ombre. Le gant qui soutient le faucon est semblable à celui du chasseur décrit dans le numéro suivant. Un chapeau violet retenu par un cordon rouge lui pend sur les épaules. Il tient une aile d'oiseau garnie d'un morceau d'écarlate, pour rappeler le faucon, qui est retenu par deux anneaux de fer aux pattes. La ceinture est noire et soutient une bourse verte.

FREDERIC II ET SON FAUCONNIER

# FRÉDÉRIC II

Frédéric II, au dire de Jean Villani, fut un prince doué d'une grande valeur et de rares talents ; il dut sa sagesse autant aux études qu'à sa prudence naturelle ; homme universel, il parlait la langue latine, l'italien, l'allemand, le français, le grec et l'arabe. Il était généreux, et à ses dons il joignait encore une rare courtoisie ; guerrier vaillant et sage, il fut fort redouté[1]. Il était zélé pour la philosophie; il la cultiva pour lui-même et la répandit dans ses États. Il ouvrit des écoles pour les arts libéraux et pour toutes les sciences : il appela des professeurs des différentes parties du monde, et il leur offrit de grandes récompenses. Il ne se contenta pas de leur accorder un salaire ; il prit sur son propre trésor de quoi payer une pension aux écoliers les plus pauvres, afin que, dans toutes les conditions, les hommes ne fussent point écartés par l'indigence de l'étude de la philosophie. Il donna lui-même une preuve de ses talents littéraires, qu'il avait surtout dirigés vers l'histoire naturelle, en écrivant un livre sur la nature et le soin des oiseaux[2]. C'est de ce précieux traité, conservé dans un ancien manuscrit, côté n° 1071 dans la Bibliothèque du Vatican, que j'ai extrait le costume ci-joint. L'illustre écrivain y enseigne les pratiques de la chasse et l'éducation des faucons, pour laquelle il était passionné.

[1] Gio. Villani, lib. V, c 1.
[2] Nicolai de Jamsilla, *Historia Conradi et Manfredi,* in proemio, t. VIII, p. 195.

Frédéric II ou Mainfroy son fils, ainsi que le croit Albert le Grand, à qui l'on doit une édition du *Traité de fauconnerie*, se voit dans la planche que nous décrivons, la tête ornée d'une couronne d'or. La chlamyde est bleue avec doublure blanche, et elle est retenue sur la poitrine par une agrafe d'or. La tunique est couleur de laque et ornée d'une doublure dorée. Une large bande d'or et de pierres précieuses descend sur le devant de la tunique depuis le cou jusqu'aux pieds. Les manches de dessous sont couleur de minium. La chaussure est noire, et la chaise est de noyer avec un coussin rouge, orné de filets noirs. Le marche-pied est rouge; le sceptre est de bois et terminé par un fleuron d'or.

L'officier des chasses qui s'agenouille devant l'empereur est coiffé d'un petit bonnet blanc. L'habit est couleur de minium et fermé sur la poitrine par cinq boutons d'or. Les chausses sont rougeâtres. Le gant sur lequel repose le faucon est gris et orné d'une broderie noire. Il a de plus une aile d'oiseau attachée à une ceinture noire, pour rappeler le faucon, qui a un chaperon rouge.

# PODESTAT DE MILAN

Le costume suivant est emprunté d'un monument érigé par le fanatisme et l'intolérance. Il a été copié d'après la statue équestre d'Oldrado de Tressène, podestat de Milan, en l'an 1233, dont le seul titre à cette glorieuse distinction est exprimé dans une inscription latine qui lui attribue le mérite d'avoir le premier fait brûler des hérétiques. Frère Pierre de Vérone, que l'Église catholique a élevé au rang de ses saints, fut admirablement secondé par ce magistrat dans les persécutions qu'il dirigea contre de malheureux citoyens, qui souvent n'avaient à se défendre que du crime d'avoir des biens, dont l'inquisition s'arrogeait le droit de les dépouiller en vertu d'un bref du pape[1].

Nous aurons occasion de parler de l'origine de la charge de podestat et de ses attributions; ici le personnage est représenté avec un costume dont la simplicité est en harmonie avec les mœurs du siècle auquel il appartient, et prouve que les podestats, pendant le XIII<sup>e</sup> siècle, ne se distinguaient pas des autres citoyens par leur costume, ainsi qu'en pourraient également faire foi le portrait du podestat de Monza, dans un bas-relief de la cathédrale de cette ville, et celui de l'île vénitienne de Murano, dans l'église de Saint-Donat.

Le monument de sculpture auquel j'ai emprunté la figure suivante est un des plus grossiers essais de cet art au commencement du XIII<sup>e</sup> siècle, mais le costume

[1] Verri, *Ist. di Milano*, cap. IX, p. 96-97.

est si simple qu'il ne laisse aucun doute, et qu'avec le secours des peintures à fresque du même siècle, on en peut préciser les couleurs. Ce podestat porte un manteau, de couleur ordinairement bleue, agrafé sur l'épaule par un bouton d'or. J'ai retrouvé des costumes à peu près semblables, où les chausses étaient d'une couleur jaunâtre.

OLIVIER

XIIIᵉ Siècle

12.

# OLIVIER ·

Ceux qui ont visité l'Italie connaissent la figure dans laquelle les habitants de Vérone croient retrouver l'effigie du paladin Roland. (Nous donnerons plus loin cette figure.) D'après la même tradition, et sans beaucoup plus de fondement, on veut voir l'image d'Olivier, cousin de Roland, dans l'effigie que nous plaçons ici. Elle est également extraite des sculptures qui décorent le portail de la cathédrale de Vérone, et sert à compléter les costumes militaires d'une époque dont on a conservé un bien petit nombre de monuments, mais dans laquelle je suis parvenu, cependant, à retrouver assez de détails pour préciser d'une manière certaine les armures les plus usitées pendant ces siècles reculés. Ce guerrier est armé d'une de ces terribles masses d'arme dont les gens d'Église faisaient un usage meurtrier lorsqu'ils marchaient dans les combats à la tête de leurs vassaux, et dont ils se servaient en guise d'épée, sous prétexte de ne pas verser le sang humain. Il n'a d'autre arme défensive qu'un vaste bouclier, à peu près semblable à celui du costume de Roland.

COSTVME MILITAIRE

XIIIᵉ SIÈCLE

.20

# COSTUME MILITAIRE

———

J'ai trouvé le costume que voici dans une ancienne peinture, presque effacée, de l'église de Saint-Zénon à Vérone. Les armures et ornements militaires des guerriers de la Lombardie ont tous une analogie parfaite avec ceux des monuments sépulcraux de France et d'Angleterre.

Ce chevalier porte un casque d'acier avec une armure au cou et des manches de mailles d'acier. La soubreveste est jaunâtre avec des broderies et une ceinture blanches. Le bouclier, ainsi que le petit écusson sur la poitrine, offre pour armoirie une croix blanche en champ de gueules. La manche et les chausses sont brun-rouge, et la chaussure est rouge. Le manteau est écarlate et doublé d'hermine. L'arçon de la selle est jaune, et la housse est verte avec une frange rouge et une bordure noire. Le fourreau du poignard est noir.

L'antiquité de cette peinture peut faire supposer que l'artiste y a représenté un de ces preux fanatiques qui se croisaient à cette époque contre les infidèles.

ENGLAND

# R O L A N D

S'il fallait s'en rapporter aveuglément aux traditions, le costume suivant serait extrait de l'un des plus anciens monuments de sculpture du moyen âge. On y verrait l'effigie du célèbre paladin Roland, neveu de Charlemagne. Le mot *Durindarda*, gravé sur la lame de son épée, a paru une preuve assez concluante pour faire reconnaître en lui ce chevalier si terrible dans les combats, mais si malheureux dans ses amours, ce héros dont le Bojardo a chanté les exploits, et dont l'Arioste a peint le furieux délire.

Ce costume, quel que soit le guerrier dont on a voulu conserver l'image, fait partie des sculptures assez grossières qui décorent le portail de la cathédrale de Vérone. Elles appartiennent au XI⁰ ou au XII⁰ siècle, et précisent d'une manière assez certaine le costume militaire, non-seulement de cette époque, mais encore des siècles précédents, et l'on peut même, sans crainte de commettre un anachronisme, remonter jusqu'aux temps de Charlemagne, car, ainsi que j'en ai déjà fait la remarque, les costumes ont éprouvé bien peu de variations pendant toute cette période.

CHARLES D'ANJOV
XIIIᵉ SIÈCLE

# CHARLES D'ANJOU

J'ai fait dessiner une ancienne statue de Charles d'Anjou, monument vénérable des premiers essais de la sculpture renaissante, pour donner ici le portrait et le costume d'un prince français qui s'est rendu illustre dans l'histoire d'Italie. Cette statue, conservée dans la grande salle du Capitole à Rome, peut passer pour un chef-d'œuvre, si l'on réfléchit qu'elle a été exécutée dans le XIII° siècle. On ignore le nom de l'artiste qui en fut l'auteur; les traditions s'en sont perdues. Il n'existe cependant pas à Rome un fragment de ruine ou un reste de monument, s'il date au moins des siècles des empereurs, dont on n'ait prétendu préciser l'usage et nommer jusqu'à l'auteur, tandis qu'un voile impénétrable couvre presque tout ce qui s'est passé, depuis, dans cette ville, jusqu'au XV° siècle. S'il m'était permis d'émettre une supposition, j'attribuerais cette statue, dont es proportions sont colossales, au ciseau de Nicolas Pisan, seul sculpteur du XIII° siècle capable d'avoir exécuté un tel ouvrage. Cet artiste, contemporain de Charles d'Anjou, fut honoré de la faveur de ce prince.

Charles d'Anjou avait quarante-six ans lorsqu'il passa en Italie pour conquérir le royaume de Naples. Mainfroy, vaincu à la bataille de Bénévent, y perdit la couronne et la vie. Tout se soumit au vainqueur, et Charles, entouré d'une brillante noblesse, fit son entrée triomphante dans la capitale avec la reine Béatrix sa femme, qui y étala une pompe et une magnificence que l'Italie n'avait point encore connues. Le chariot de la reine était couvert en dedans et en dehors de velours bleu brodé de fleurs de lis d'or [1].

Conradin, le dernier rejeton de la maison de Souabe, l'unique espérance de son parti, tenta, pour remonter sur le trône de ses pères, un effort qui lui fut fatal. Vaincu à Tagliacozzo, il tomba entre les mains de son heureux rival ; et sa mort est un des épisodes les plus tragiques et les plus touchants de l'histoire du XIII° siècle. Charles, craignant de nouvelles révolutions s'il laissait vivre un compétiteur aussi dangereux, crut nécessaire de faire périr ce prince infortuné sur l'échafaud. La sentence de mort fut communiquée au jeune Conradin comme il jouait aux échecs; à peine lui laissa-t-on le temps de se préparer à la mort, et le 26 octobre 1268, il fut conduit avec tous ses amis sur la place du marché de Naples. Charles eut la dureté d'assister au spectacle de l'exécution avec toute sa cour, et la foule entourait, comme toujours, le roi vainqueur et le roi condamné [2].

Dans les monnaies de Charles d'Anjou, ce prince est représenté avec le même costume et dans la même attitude. Il tient une palme ou une branche d'olivier d'une main et un globe de l'autre [3]. La chlamyde du roi de Naples, dans les peintures où se trouvent des costumes semblables, est ordinairement bleue avec doublure blanche, et la tunique d'une étoffe violette; les manches de dessous sont rouges, ainsi que les chausses.

On retrouve fréquemment ce costume royal dans les sculptures des XII° et XIII° siècles, qui ornent les édifices gothiques. J'en ai remarqué des répétitions aux portails des cathédrales de Lausanne et de Sens.

---

[1] Muratori, *Diaro Napolit.*, t. VII; *Rerum italicarum scriptores, etc.*, p. 113.
[2] Sabas Malespina, *Hist. Sicula,* lib. IV, c. XVI, p. 851, t. VIII, *Script. rer. Italic.*
[3] Muratori, *Antiquitates Italicæ medii ævi,* Diss. XXVIII.

DOMINICAIN

XIIIᵉ SIÈCLE

16

# DOMINICAIN

Innocent III crut devoir opposer des bornes à la multiplication excessive des ordres religieux, et, dans le concile tenu à Saint-Jean-de-Latran l'an 1215, ce sage pontife défendit formellement la création de nouveaux ordres religieux. Dans ce même concile, saint Dominique ayant demandé l'approbation de son ordre fut invité par le pape à en choisir un déjà approuvé. Il donna la préférence à celui-des chanoines réguliers; de sorte que l'institution des frères prêcheurs ne se trouva pas en opposition avec le décret du concile. En effet, ces religieux eurent d'abord le titre de chanoines de la règle de saint Augustin. La piété, le zèle ardent des premiers dominicains firent faire des progrès si rapides à leur ordre, qu'en peu d'années ils eurent des couvents dans presque toutes les villes[1].

Le grand objet des prédications des moines, dans le XIIIᵉ siècle, un objet vraiment digne de la religion chrétienne et d'une mission divine, fut le rétablissement de la paix en Italie. Toutes les villes étaient armées les unes contre les autres; les factions divisaient les familles les plus puissantes; le sang ruisselait dans les cités et dans les campagnes; partout le désordre était à son comble. C'est alors qu'avec le même zèle que les ministres des autels avaient, quelques années auparavant, prêché les croisades et la destruction des hérétiques et des ennemis de la foi,

---

[1] Muratori, *Antiquitates Italicæ medii ævi*, Diss. LXV.

on vit de nouveaux missionnaires parcourir les villes, morigéner les peuples, et, au nom du Dieu de paix, leur commander la réconciliation et le pardon des injures.

Le costume ci-joint est extrait de la pierre sépulcrale en mosaïque du septième maître du sacré palais, mort le 7 mars 1300. Cette précieuse mosaïque existe dans le pavé de l'église de Sainte-Sabine à Rome. Le dominicain qu'elle représente porte une tunique et un scapulaire blancs. Le manteau, ouvert seulement depuis la ceinture, est noir. La doublure du capuchon est blanche.

DOGE DE VENISE
XIII Siècle

# DOGE DE VENISE

Les bornes de ce recueil ne nous permettent pas de nous occuper des événements historiques qui ont précédé ou suivi l'établissement de la dignité de doge à Venise ; mais nous aurons occasion, dans le cours de cet ouvrage, de donner plusieurs fois des figures de doges, de façon que le lecteur pourra se faire une idée exacte des diverses variations qu'éprouva le costume du premier magistrat de la célèbre république. Celui que je donne dans la planche ci-jointe est extrait des mosaïques qui décorent l'une des portes de l'église Saint-Marc. La toque est rouge, ornée d'une couronne d'or enrichie de perles et de pierres précieuses. Le bonnet de dessous est blanc. Le manteau est écarlate, doublé d'hermine, avec une bordure verte ornée de perles et de boutons d'or. L'aumusse est en hermine, avec une agrafe d'or et des pierres précieuses sur l'épaule droite. L'habit de dessous est violet, avec une broderie d'or et de pierres précieuses. La doublure de la manche est rouge. La petite manche est verte, avec une broderie d'or au poignet. Les chausses sont rouges, et la chaussure est noire, avec des boutons d'or. Les mosaïques de l'intérieur de l'église offrent plusieurs répétitions presque entièrement semblables de ce costume.

18

NOBLE VÉNITIENNE
XIIIᵉ SIÈCLE

# NOBLE VÉNITIENNE

Le costume que voici est également tiré des mosaïques de la porte de Saint-Marc. Cette noble vénitienne porte un manteau violet doublé d'écarlate, enrichi d'une broderie d'or et noué sur la tête. Elle est coiffée d'un bonnet rouge avec des ornements d'or et une pierre bleue sur le front. La robe de dessous est rouge mélangé d'or; celle de dessus est blanche avec une agrafe d'or sur l'épaule. La ceinture est dorée; les manches sont ornées de broderies d'or. La chaussure est rouge. L'habillement de l'enfant est écarlate à la partie droite et violet à la gauche, avec bordures, broderies et ceinture en or. Les chausses sont également de deux couleurs, mais en sens inverse. Les bottines sont dorées.

CHEVALIER FRANÇAIS
XIIIᵉ SIÈCLE

# CHEVALIER FRANÇAIS

Un Français, messire Aimery de Guillaume Bérard, bailli de Narbonne, commandait l'armée florentine à la bataille de Campaldino; il y fut tué après avoir mis en fuite l'armée ennemie [1]. Une ville reconnaissante érigea un monument à la mémoire de cet étranger qui avait versé son sang pour elle, et la sculpture, qui déjà devançait dans ses progrès les timides essais du peintre Cimabue, s'efforça de nous transmettre les traits du chevalier français.

Ce monument, si intéressant pour l'époque, car il appartient au XIII<sup>e</sup> siècle, présente un costume complet de chevalier; nous le voyons ici tel qu'il se conserva pendant plusieurs siècles, tel qu'il fut en usage aux croisades, tel qu'il l'était encore lorsque la découverte d'un nouveau moyen de se détruire rendit à peu près inutile la cotte de mailles.

Le *haubert* ou cotte de mailles était une espèce de chemise semblable aux blouses de nos rouliers, formée par des mailles ou petites chaînes de fer. On y ajoutait encore un chaperon ou capuchon, et des chausses dont les mailles étaient semblables à celles du haubert. Pour éviter les meurtrissures occasionnées par ces anneaux de fer, on avait grand soin de les matelasser en dedans. Mais, malgré toutes les précautions qu'on prenait, il fallait plusieurs bains pour guérir les contusions que le

---

[1] Gio. Villani, *Stor. fic.*, VII, cap CXXXI.

moindre choc occasionnait. Cette sorte d'armure résistait même faiblement à un coup de lance ou d'épée, et si elle ne cédait pas sous la pointe qui la frappait, les anneaux ou chaînons qui la composaient meurtrissaient cruellement celui qui en était revêtu. C'est pourquoi on y ajouta, dès le XIII° siècle, des plaques d'acier sur quelques parties du corps, et insensiblement on en vint à ces armures défensives qui rendirent l'homme d'armes presque invulnérable.

Le poignard que le bailli de Narbonne porte au côté droit se nommait *miséricorde*. Lorsqu'un guerrier avait terrassé son adversaire, il le menaçait de lui plonger ce poignard dans la visière, s'il ne criait *merci*.

J'ai comparé ce costume avec celui d'Othon de Grandson, représenté sur son tombeau dans la cathédrale de Lausanne, et je les ai trouvés presque entièrement semblables. Othon cependant ne porte pas de casque; sa tête n'est défendue que par une coiffe de mailles garnie d'un cercle de fer. Les chausses de mailles n'ont pas de plaques sur le devant. Les éperons ont la même forme que ceux de Guillaume Bérard, et j'ai observé que ce ne fut que vers le XIV° siècle qu'on commença à faire usage des éperons avec des molettes. Le tombeau d'Othon de Grandson est encore un monument de sculpture du XIII° siècle fort remarquable, et qui prouve combien cet art devançait la peinture dans ses progrès.

Le monument de Bérard lui fut érigé dans le cloître des Servites, à Florence, où il existe encore.

COSTVME MILITAIRE
XIII.e Siècle

15

# COSTUME MILITAIRE

Le père Montfaucon, dans ses *Antiquités de la Monarchie française,* prouve par plusieurs exemples tirés des monuments que l'usage de porter des casques aplatis sur le sommet se conserva jusqu'au XIII· siècle ; il en déduit même un signe caractéristique des temps antérieurs à saint Louis, roi de France. J'ai extrait le costume suivant d'un manuscrit qui m'en a déjà fourni d'autres. Il servira encore à expliquer plus clairement la manière de tenir le bouclier. Les chevaliers portaient aussi généralement leurs casques ornés des mêmes emblèmes qui figuraient sur leurs écus, et cela pour être reconnus dans les combats. Cet usage donna naissance aux armoiries qui servirent ensuite à distinguer les familles nobles.

Le guerrier dont j'offre ici le costume militaire porte un casque bleu traversé par une bande dorée. On voit, d'après d'autres figures sans casques, que, sous cette arme défensive, on portait encore un capuchon de mailles d'acier, dont le costume précédent peut donner l'explication. Le reste de l'armure consistait entièrement en mailles d'acier qui couvraient aussi les mains et les pieds. La soubreveste était de diverses couleurs ; celle de la figure ci-contre est violette et ouverte sur le devant. Le bouclier était soutenu par trois courroies noires, et le bras posait sur un cuir blanc. Le fond du bouclier est vert, mais la partie extérieure est semblable au casque.

NOBLE VÉNITIENNE

# NOBLE VÉNITIENNE

Les mosaïques de la porte de l'église Saint-Marc offrent des répétitions complètes des costumes que j'ai remarqués dans les miniatures des manuscrits grecs des x· et xi· siècles, conservés dans la bibliothèque du Vatican à Rome. On y retrouve les mêmes ornements, les mêmes détails et jusqu'à la même manière de nouer le manteau sur la tête.

La noble Vénitienne qui figure dans la planche ci-jointe porte un manteau vert brodé en or et doublé d'écarlate. Le bonnet est orné d'un diadème blanc. La robe est blanche avec des parties rouges brodées en or, à la poitrine, aux poignets et aux manches. La chaussure est rouge.

A propos de cette noble Vénitienne, nous croyons faire plaisir au lecteur en lui indiquant une curieuse découverte faite, il n'y a pas longtemps, par un Vénitien de Paris, M. Armand Baschet, et publiée en 1859 dans la *Gazette des Beaux-Arts*. Les personnes qui n'ont vu Venise que dans les tableaux de Giorgion, de Titien, de Palma, de Véronèse, de Bonifazio et de Tintoret, s'imaginent volontiers que toutes les dames vénitiennes sont blondes, non pas de ce blond froid et transparent, naturel aux contrées germaniques ou scandinaves, mais de ce blond ardent, superbe, profond et un peu fauve, qui reparaît souvent dans les *Noces de Cana*, dans le *Repas chez Simon*, et dans presque tous les tableaux vénitiens. Or, cette idée n'est qu'une déception, et celui qui passerait une semaine entière sur la place

Saint-Marc, ou qui s'arrêterait à la porte de la manufacture des tabacs, ou qui épierait la sortie des ouvrières en perles, serait tout surpris de rencontrer partout cette brune vive et piquante que les Vénitiens appellent *una moretta*; il verrait, sans y rien comprendre, que les blonds cheveux, au lieu d'être la couleur générale, ne forment qu'une rare exception.

Le secret de cette contradiction se trouve dans un livre intéressant, imprimé à Venise en 1590 et bien connu des curieux, *Degli habiti antichi*, de Cesare Vecellio, et dans un petit manuscrit conservé à la Bibliothèque de Saint-Marc et découvert par M. Baschet. Ce manuscrit appartenait, au XVIᵉ siècle, à la patricienne Nani; c'est un conseiller secret qui donne aux dames d'excellents avis sur leur toilette, et qui leur fournit la recette pour se faire blonde, ou, pour mieux dire, pour se donner des cheveux d'or, *capelli fila d'oro* : c'était la nuance la plus recherchée. Quand elle était accompagnée d'une peau blanche et que les yeux étaient bleu turquoise, elle constituait la royauté du blond, l'exquise beauté. A côté du manuscrit précieux de la comtesse Nani, il est intéressant de voir, dans le livre de Vecellio, une gravure qui représente la noble Vénitienne du temps faisant sécher au soleil, sur la terrasse de son palais, la teinture blonde de ses cheveux.

Sans donner ici la recette d'une mode que la peinture a rendue historique, nous pensons qu'on nous saura gré d'avoir indiqué la source où les peintres, les curieux et les dames pourront la puiser.

JEVNE FRANÇAIS
XIII SIÈCLE

22.

# JEUNE FRANÇAIS

Les miniatures des anciens manuscrits prouvent jusqu'à l'évidence que les costumes des diverses régions de l'Europe différaient très-peu entre eux, ainsi que de nos jours. Les nations orientales ont eu seules un caractère différent qu'elles ont conservé au travers des révolutions et de la succession des siècles. L'empire grec, placé au centre de peuples divers, eut dans les costumes quelque chose de mixte qui semble participer des uns et des autres, ainsi que j'aurai occasion de le faire observer plus tard.

Monseigneur Mai, custode de la célèbre bibliothèque du Vatican, est, par son mérite littéraire, trop supérieur aux louanges vulgaires, pour que j'ose exprimer ici l'admiration que m'inspirent ses talents; mais qu'il me soit permis de dire combien je lui dois pour la bienveillante obligeance avec laquelle il m'a permis d'étendre mes recherches jusque dans ces vénérables manuscrits, qui non-seulement ont servi à préciser l'histoire de la peinture pendant les siècles de barbarie, mais encore qui nous ont transmis les costumes et les usages de ces époques enveloppées de ténèbres.

Le costume suivant est extrait d'un manuscrit français de la bibliothèque du Vatican, coté n° 5895; il concorde parfaitement avec plusieurs autres qui figurent dans la majeure partie des manuscrits latins.

Ce jeune homme est coiffé d'une toque couleur de plomb et ornée de boutons d'or, qui recouvre un bonnet blanc. La chlamyde est verte et rattachée sur la poitrine. L'habit et les deux manches sont couleur de laque; les chausses sont couleur de plomb. On voit, dans les fréquentes répétitions de ce costume, que la couleur de la toque et des autres vêtements variait suivant le caprice individuel.

RELIGIEVX AVGVSTIN
XIIIᵉ SIECLE

# RELIGIEUX AUGUSTIN

Les religieux de cet ordre célèbre occupent une place trop importante dans l'histoire du moyen âge, pour que je n'aie pas saisi avec empressement l'occasion d'en placer ici le costume, que j'ai extrait du tombeau de *Lanfranco Septala*, dans l'église de Saint-Marc, à Milan. Ce monument porte la date de l'an 1243. Le religieux y est représenté tenant école et entouré de ses disciples, dont les costumes ont beaucoup d'analogie avec celui du fauconnier allemand (page 17) du présent ouvrage. Des monuments semblables à Bologne et à Padoue, offrent aussi les mêmes répétitions. L'habit du religieux est noir avec un capuchon de la même étoffe. La ceinture est de cuir.

Ce costume se retrouve dans plusieurs autres monuments, sans la moindre variété.

Une grande querelle s'éleva au moyen âge entre les religieux augustins et ceux de Saint-François. La cause en fut dans la ressemblance qui existait entre l'habit des frères mineurs et celui des augustins. Le pape Grégoire IX, pour assoupir les différends qui naissaient chaque jour à ce sujet, obligea les augustins de porter à l'avenir un habit noir ou blanc, avec des manches larges et longues, en forme de coules, et une ceinture de cuir par-dessus, assez longue pour être vue; il ordonna que ces religieux auraient toujours à la main des bâtons hauts de cinq palmes au moins, et faits en forme de béquilles, qu'ils diraient de quel ordre ils étaient en sollicitant ou en recevant les aumônes des fidèles; enfin que leur robe serait assez courte pour qu'on pût voir leurs souliers, afin de les distinguer par là des frères mineurs, qui étaient déchaussés. C'est ainsi que Grégoire IX décrit le costume que devait porter l'ordre des Augustins, par sa bulle, qui est de la quatorzième année de son pontificat, c'est-à-dire de 1241, puisque ce pape fut élu en 1227. D'où il est aisé de conclure que, bien loin que les frères mineurs eussent pris l'habit des augustins, comme ceux-ci le prétendaient, c'étaient les augustins, au contraire, qui avaient emprunté celui des mineurs. Il y aurait eu en effet de l'injustice à dépouiller d'un habit ceux qui en étaient revêtus depuis longtemps, pour l'attribuer à de nouveaux venus.

Le religieux qui est représenté ici, étant en chaire, n'a pas de bâton, cela se conçoit; mais son costume, comme on le voit, est conforme à la bulle.

24

L'ÉGLISE SAINT AMBROISE À MILAN
XIIIᵉ SIÈCLE

# ÉGLISE DE SAINT-AMBROISE

La cour, entourée de portiques, qui précède l'église de Saint-Ambroise à Milan, a été édifiée dans le neuvième siècle par l'archevêque Anspert.

Cette église est si remarquable par son antiquité et par le caractère de son architecture, que j'ai cru extrêmement important de donner ici une vue intérieure de la cour et du portique qui la précède. Il y avait autrefois, dans le centre de cette cour, un puits auprès duquel était une vaste urne de porphyre que l'archevêque de Milan était obligé de faire remplir de vin, le jour de la fête de l'ordination de saint Ambroise.

Les murailles de cet édifice sont ornées d'inscriptions antiques et de fragments curieux d'architecture.

Les chapiteaux des colonnes et des pilastres sont surchargés de détails aussi remarquables que bizarres. Le père *Allegranza*, dominicain qui a écrit plusieurs dissertations sur quelques monuments anciens de Milan, s'efforce d'en déduire un système qui transformerait les façades et les détails d'architecture des églises gothiques en compositions symboliques, dont l'interprétation deviendrait tout aussi difficile que celle des hiéroglyphes égyptiens.

« Saint-Ambroise, basilique vénérable, vieille de quatorze siècles, bâtie à plusieurs reprises, ici de briques, là de marbre, est une marqueterie d'architecture. L'aspect religieux du parvis est imposant. Le vestibule de la prière isole le temple et prépare au recueillement. C'est ici la porte que saint Ambroise osa fermer à l'empereur Théodose, qui dut se soumettre à la pénitence publique. *Non tibi sed Petro*, murmura l'empereur en courbant la tête; mais l'inflexible pontife lui répondit, en lui mettant le pied sur la gorge : *et mihi et Petro...* Qu'est devenue cette fière grandeur de l'Église? [1] »

[1] *De Paris à Venise*, notes au crayon, par M. Charles Blanc.

ARTISANS.
XIVᵉ SIÈCLE

# A R T I S A N S

L'ordre du peuple était principalement formé par les artisans et les marchands des villes. Chaque art avait son *tribun* ou *gonfalonier,* qui, au besoin, réunissait sous sa bannière tous les hommes inscrits dans sa compagnie. Lorsqu'on craignait quelque tumulte ou quelque sédition dans la ville, chaque artisan prenait ses armes et se rangeait sous la bannière de son art, en criant avec ses compagnons : *Vivent les arts et le peuple!* Enfin, ces mêmes artisans étaient les arbitres de la paix ou de la guerre ; ils contractaient des alliances offensives et défensives avec leurs voisins. Souvent ils excluaient des magistratures les nobles, ou au moins les plus puissants : et s'ils daignaient leur accorder quelque emploi public, ce n'était qu'après qu'ils s'étaient fait inscrire dans les matricules des corps des arts [1].

Les corps des arts à Florence, ainsi que dans la plupart des villes libres de la Toscane, étaient classés en *arts principaux* ou *majeurs,* et en *arts inférieurs* ou *mineurs.* Les arts majeurs, à l'époque de la réforme de l'an 1266, furent fixés au nombre de sept. Leurs noms furent : les juges et notaires, les marchands de draps de France, ou l'art de *Calimala,* les banquiers, l'art de la laine, les médecins et les apothicaires, l'art de la soie, et enfin les pelletiers et fourreurs. Plus tard, l'an 1282, on leur ajouta quatorze autres corps d'arts qui furent appelés les arts

---

[1] Muratori, *Antiquitates Italicæ medii ævi*, Diss. **LXV-LXVI.**

mineurs. Tels furent les bouchers, les cordonniers, les forgerons, les tanneurs, les maçons et tailleurs de pierre, les cabaretiers, les boulangers, les charcutiers, les tisserands, les serruriers, les armuriers, les bourreliers et les aubergistes [1]. Tout citoyen qui briguait un emploi devait nécessairement être inscrit dans l'un de ces vingt-un corps d'arts ; c'est-à-dire qu'il fallait que lui ou quelqu'un de ses ancêtres eût été reçu ou immatriculé.

Dans la planche ci-jointe, qui est extraite d'un manuscrit du XIV⁰ siècle appartenant à la bibliothèque de Sienne, et qui est un recueil des statuts de la république, figurent deux artisans en présence de l'un des notaires des juges. Le notaire est coiffé d'un chaperon brun-rouge. Le manteau est bleu. L'artisan qui est à la droite du notaire porte un manteau écarlate avec un chaperon de la même couleur. La doublure du manteau est verte. La manche du pourpoint et les chausses sont bleues.

L'autre artisan porte un chaperon bleu avec bourrelet rouge. L'habit de dessus est couleur de laque avec doublure verte. Celui de dessous est bleu, et les chausses sont rouges.

Ces diverses figures, ainsi que celles qui précèdent, servent à expliquer de plusieurs manières la forme et la disposition du chaperon, dont l'usage prévalut sur celui du capuchon, vers la fin du XIV⁰ siècle.

[1] Gio. Villani, *Storia*, lib. VII, cap. XIII.

MARCHANDS
XIVᵉ SIÈCLE

# MARCHANDS

Un des phénomènes politiques du temps des républiques italiennes, les plus difficiles à concevoir aujourd'hui, est de trouver réunis dans les mêmes individus la magistrature, le commerce, la politique et les arts. On tomberait dans une erreur grave si l'on supposait que les ambassadeurs que la république envoyait auprès des princes étrangers fussent des personnes inscrites seulement pour la forme aux matricules des corps des arts, sans qu'elles les exerçassent en effet. Giovanni di Mone est célèbre dans les annales de l'histoire florentine : il fut chargé de diverses ambassades, et rendit à sa patrie d'importants services [1]. Cet homme n'était cependant qu'un simple *blatier*, et comme les emplois publics qui lui étaient confiés le détournaient de son commerce, au grand détriment de ses intérêts privés, il s'en plaignit en plein conseil, et, par délibération publique, il lui fut assigné une pension annuelle de trois cents florins. Il serait facile de puiser dans les chroniques de ces temps-là mille autres exemples pour prouver que dans un gouvernement qui avait pour base le commerce, il n'y avait d'indigne d'un citoyen que l'oisiveté.

Les monuments anglais du XIV· siècle présentent aussi un costume de marchand qui a beaucoup d'analogie avec ceux qui figurent dans la planche ci-

---

[1] Scipion Ammirato, lib. XIV. page 751.

jointe. Une pierre sépulcrale de Benoît Cola, marchand romain, mort l'an 1420, et enseveli dans l'église des Saints-Celse-et-Julien, offre encore la même analogie. On la retrouve aussi dans les costumes de marchands qui étaient alors en usage en France et en Allemagne.

Les deux marchands que l'on voit ici complètent la grande miniature qui m'a fourni ces costumes et les précédents. Le notaire est coiffé d'un chaperon violet avec une bourrelet orange. L'habit est violet, et le manteau vert avec un doublure orange.

Le premier marchand à droite du notaire porte un chaperon bleu avec un bourrelet vert. Le manteau est bleu, l'habit brun-rouge, la bourse noire, et les chausses sont bleues. L'autre marchand porte un bonnet bleu garni d'une fourrure noire. L'habit est brun-rouge; la bourse est noire, ainsi que la ceinture, dont les boutons et les cordons sont blancs. L'habit de dessous et les chausses sont verts, et les souliers sont noirs.

LE DOGE DE VENISE ET LE PAPE
XIVᵉ SIÈCLE

# DOGE DE VENISE ET PAPE

Les peintures qui décorent la salle du tribunal de Balia à Sienne, salle que l'on trouvera gravée dans cet ouvrage, sont toutes allusives à la vie du pape Alexandre III, et à son triomphe sur l'empereur Frédéric Barberousse. Il est à regretter que le peintre, au lieu des costumes de son temps, n'ait pas recherché ceux du siècle auquel appartiennent les faits historiques qu'il a retracés. Toutefois, j'ai cru devoir en extraire le costume militaire du doge de Venise, recevant des mains du souverain pontife une épée pour combattre l'empereur Frédéric.

Le pape qui représente Alexandre III, mais dont le costume appartient au XIVᵉ siècle, est assis sur une chaise recouverte d'une riche étoffe à fond jaune, avec des broderies vertes et bleues. La chasuble a la forme de la *penula ;* elle est telle qu'on la portait avant qu'on l'eût altérée pour faciliter le mouvement des bras. Elle est d'une étoffe écarlate. L'amict se voit autour du cou du souverain pontife. Cette partie essentielle du vêtement sacerdotal, qui paraît une tradition ou imitation de l'*Ephod* des Hébreux, est une pièce d'étoffe de lin qui couvre la tête du prêtre, mais qu'il rabat sur le cou et les épaules, et qui se réunit sur la poitrine. L'amict est le premier des vêtements ecclésiastiques. Le pape porte encore le *pallium*. Cet ornement, décrit par Innocent III, est une bande circulaire de laine blanche, qui passe sur les épaules, et de laquelle pendent, devant et derrière, deux autres bandes semblables, qui, ainsi que la première, sont semées

T. I.                                                                          14 de croix noires. Quant au trirègne, on croit que ce fut Boniface VIII qui ajouta à la tiare la seconde couronne, et que ce fut Benoît XII, en 1334, ou Urbain V, en 1352, qui y joignit la troisième.

L'usage des gants, prescrit au souverain pontife, aux archevêques et aux évêques, paraît remonter à une époque très-reculée. Il est difficile de préciser la matière dont ils étaient fabriqués ; mais tout semble devoir faire présumer qu'ils étaient de lin [1]. Ceux du pape dans la planche ci-contre sont blancs et brodés en or.

Le doge porte son bonnet ducal sur un second petit bonnet blanc, dont l'usage a été presque général aussi, en France et en Allemagne, pendant les XIIIe et XIVe siècles. Ce bonnet ducal est écarlate, orné d'hermine et enrichi d'une garniture d'argent. La cotte d'armes et le reste de l'armure sont extraits des peintures de Spinello Aretino dans le palais public de Sienne.

J'ai trouvé dans l'église de Saint-Martin-des-Monts, à Rome, une pierre sépulcrale de Grégoire Charanzois, mort l'an 1347. Elle m'a offert un costume militaire entièrement semblable à ceux que j'ai pris dans les peintures de Spinello Aretino.

[1] Filip. Buonanni, *Gerarchia ecclesiastica.*

NOBLE FLORENTINE
XIV<sup>e</sup> SIÈCLE

56.

# NOBLE FLORENTINE

Taddeo Gaddi, ami et condisciple de Simon Memmi, eut à peindre, en con-
currence avec lui, une partie du chapitre des Espagnols, dans l'église Santa
Maria Novella, à Florence. Suivant l'usage de son temps, il y a figuré les principales vertus et les sciences par des femmes vêtues à la mode du XIV· siècle.
J'en ai extrait la figure que voici, comme un des costumes les plus gracieux de
cette époque. Elle représente une noble Florentine dont le voile blanc est d'une
étoffe fine et transparente, qui lui recouvre le cou et la poitrine. Son front est orné
d'un petit diadème rouge, enrichi de boutons d'or. Le manteau est blanc avec
une agrafe d'or ornée de pierres précieuses. La robe est blanche et sans ceinture,
ainsi que c'était un usage presque général dans le XIV· siècle. Les broderies du
manteau sont en or. Le gant blanc qui couvre la main gauche servait sans doute
à soutenir un faucon ou un épervier ; mais cette partie de la peinture est tellement
effacée qu'il m'a été impossible d'en retrouver les vestiges. Du reste, ces sortes
d'oiseaux quittaient rarement leurs maîtres à une époque où la chasse était une
des prérogatives dont la noblesse était si jalouse. Cet usage est encore confirmé
par d'autres peintures, où l'on voit non-seulement des seigneurs portant leur
faucon sur le poing, mais où l'on trouve également des femmes imitant en cela
leurs époux, et caressant leur épervier ou leur faucon avec la même grâce que
celles des XVII· et XVIII· siècles caressaient leurs bichons.

La belle Bible manuscrite conservée à la Bibliothèque impériale de Paris, sous le n° 6829, m'a offert dans ses miniatures plusieurs répétitions de ce costume. Cependant il faut en excepter le voile de la tête, qui n'y est pas répété; mais tout le reste, jusqu'au diadème, est absolument semblable. Le bréviaire du duc de Beaufort m'a encore confirmé l'authenticité de ce costume et l'analogie qui a régné à cette époque dans les costumes italiens, français et anglais.

SOUVERAIN PONTIFE
XIVe SIÈCLE

26

# SOUVERAIN PONTIFE

Le pape est ainsi nommé d'un mot grec qui signifie *père*. Ce nom était commun autrefois à tous les évêques; mais depuis le VIII<sup>e</sup> ou IX<sup>e</sup> siècle, il a été uniquement attribué au souverain pontife. Des auteurs prétendent qu'il est formé des premières syllabes de *PAter PAtrum*, ou des premières lettres de *Petrus Apostolus Potestatem Accipiens*.

Le peuple et le sénat romain se laissèrent enlever, l'an 1142, le privilége de concourir avec le clergé à l'élection du souverain pontife. Jusqu'au règne de Grégoire X, les cardinaux, devenus seuls maîtres d'un choix si important, se réunissaient chaque matin, s'ils se trouvaient à Rome à l'époque de la mort du pape, soit dans l'église de Saint-Jean-de-Latran, soit dans celle de Saint-Pierre. Si la cour était dans une autre ville, la réunion avait lieu dans l'église cathédrale. Clément IV étant mort à Viterbe le 29 novembre 1268, les dix-huit cardinaux qui composaient sa cour se rassemblèrent, suivant l'usage, pour élire son successeur; mais chacun d'eux prétendant pour lui-même à la dignité pontificale, il en résulta que les séances devinrent de jour en jour plus orageuses. La vacance du Saint-Siége dura deux ans et neuf mois : jamais les exhortations ni les prières des plus émi- nents personnages ne purent fléchir l'orgueilleuse et inflexible opiniâtreté des cardinaux. On assure que Jean, cardinal de Porto, les voyant un jour empressés à invoquer avec une apparente ferveur l'intercession du Saint-Esprit, leur dit à haute

voix, en présence de tout le peuple, pour leur reprocher leur obstination : « Sei-
« gneurs, que ne découvrons-nous le toit de ce lieu, peut-être le Saint-Esprit ne
« veut-il pas arriver jusqu'à nous par tant de toits. » Enfin, les habitants de
Viterbe, poussés à bout, les contraignirent par leurs menaces à faire un choix ;
mais par dépit ils le firent hors de leur collége. Thibaut, vicomte de Plaisance, fut
élu pape le 1er septembre 1271. Ce pontife prit le nom de Grégoire X ; et, dans le
concile qu'il tint à Lyon l'an 1274, il tâcha de prévenir le retour des désordres
qui avaient précédé son élection. Ce fut lui qui fixa les lois sur le conclave qu'on
observe encore aujourd'hui pour la création du pape. J'aurai occasion d'en parler
par la suite avec quelques détails [1].

La chasuble, imitée du manteau des anciens, qui la nommaient en latin *penula*
ou *casula*, se portait par-dessus la toge et couvrait entièrement la personne. Il
règne de l'incertitude sur l'époque précise à laquelle la chasuble fut prescrite aux
prêtres et aux diacres. Celle dont firent usage les ministres de l'église, les évêques
et les souverains pontifes, fut d'abord ronde, ample et longue jusqu'à terre, de
manière que, pour faire usage des mains, il fallait la relever et la replier sur les
bras. Dans les siècles suivants, cette sorte de chasuble gênant trop les mouvements des bras, on commença à en altérer la forme en retranchant une partie sur
les côtés, comme on le voit dans le costume que nous donnons ici [2].

Nous l'avons dit plus haut, on attribue à Boniface VIII l'origine des trois
couronnes qui ornent la tiare pontificale. On n'en trouve du moins aucun exemple
dans les monuments qui précèdent le xive siècle.

Ce costume de pape est extrait des miniatures d'un manuscrit de la bibliothèque
de Sienne, qui traite de la jurisprudence ecclésiastique. Ce souverain pontife
porte la tiare d'argent ornée de trois couronnes d'or ; les deux bandelettes qui
pendent au trirègne sont blanches et ornées de croix d'or. La chasuble est bleue,
ornée de filets d'or et traversée par une croix blanche. L'aube et les gants sont
blancs ; la chaussure est rouge.

[1] B. Platina, *Annotazioni alla vita di Gregorio X.*
[2] Filip. Buonanni, *Gerarchia ecclesiastica.*

ARCHEVÈQUE.
XII.ᵉ Siècle.

# ARCHEVÊQUE

Les auteurs ecclésiastiques font remonter à saint Pierre l'ordre présent de la hiérarchie du clergé. Il donna, disent-ils, à ceux de ses disciples dont la juridiction devait s'étendre sur tout un royaume, le nom de *patriarches*. Le titre d'*archevêque* appartint à ceux qui étaient placés à la tête d'une province. Enfin, il désigna sous le nom d'*évêques* ceux qui relevaient d'une métropole [1].

Le chapeau des évêques était semblable à celui qui fut en usage parmi les anciens Romains. Le père Piscara dit qu'il devait être de deux sortes : l'un semblable à celui des cardinaux, l'autre plus simple, mais tous les deux d'un tissu de laine noire à l'extérieur, et le dessous doublé de soie verte. Ils étaient retenus par deux cordons de soie verte.

L'*aube* est une robe blanche de lin, longue jusqu'à terre. Elle devait être retenue par une ceinture de lin entrelacé et tordu.

La *dalmatique* est une tunique dont l'usage appartient aux évêques ainsi qu'aux diacres; elle a la forme d'une croix et est ouverte sur les côtés. Le père Magri dit que la dalmatique était anciennement blanche, ornée de deux raies rouges devant et derrière. D'après l'ancien rituel romain, il paraît que les évêques devaient porter l'aube avec la ceinture, l'amict (n° 27), la dalmatique majeure et la mineure, et enfin la chasuble (n°* 27 et 29).

La dalmatique des évêques différait de celle des diacres en ce qu'elle avait les manches plus larges.

---

[1] Ughellius, *Ital. Sac.* T. I, p. 4 D.

L'*anneau*, ayant été anciennement un signe de noblesse et d'autorité, appartient à ce titre aux évêques et aux archevêques. C'est encore le symbole de l'union de l'évêque avec l'Église. L'anneau a été constamment d'or et se porte à la main droite, qui est celle qui bénit. J'ai déjà parlé des gants au n° 27.

La *mitre* est un attribut des évêques dont l'usage commença à une époque assez difficile à préciser. Dans les premiers siècles, elle fut constamment de toile blanche ou de lin; mais dans la suite on commença à la faire de tissu d'or, et à l'enrichir de pierres précieuses. Deux bandelettes terminées par une petite frange pendent de la mitre [1]:

Les évêques portent trois sortes de mitres, ainsi que l'explique D. André Piscara [2]. L'une précieuse, formée d'un tissu de soie et or, est enrichie de perles et de pierres précieuses; la seconde est également de soie et or, et se désigne sous le nom d'*auriphrigiata :* enfin la troisième, appelée *mitre simple*, est de soie blanche.

La *crosse* est est encore un des attributs des évêques. Ce bâton pastoral est souvent désigné en latin par les noms de *baculus pastoralis, pedum, ferula* et *cambuta*. La première origine en est incertaine; la forme en varia souvent, car il n'était dans l'origine qu'un simple bâton terminé par une croix ou surmonté d'une boule. Il est ordinairement de bois, recouvert d'une plaque d'argent; son extrémité supérieure est recourbée et richement travaillée. D'après les peintures anciennes, il paraît que les archevêques, indépendamment de la crosse, portaient aussi le bâton pastoral terminé par une croix, comme dans la planche ci-contre.

Le costume que je donne ici est extrait du tombeau d'un archevêque de la famille Foscari, dans l'église de Sainte-Marie-du-Peuple à Rome, et je l'ai encore enrichi de plusieurs détails fournis par les pierres sépulcrales qui se trouvent en si grand nombre dans les églises. Il me serait difficile de préciser ici une couleur pour la chasuble et la dalmatique, les ayant trouvées si variées dans les peintures et les anciennes miniatures.

[1] Philip. Bonanni, *Gerarchia ecclesiastica.*
[2] *Cerem. Sac.*. cap ɪᴠ, sess. 5, lib. Iᵉʳ.

CHANOINE
XIVᵉ SIÈCLE

# CHANOINE

Il ne m'appartient pas de rechercher ici l'origine des chanoines, d'un institut destiné à rehausser l'éclat et la majesté du culte divin dans les principales églises, et qui paraît ne s'être répandu en Italie qu'après le VIII<sup>e</sup> siècle. Renfermés d'abord dans un même monastère, annexe de l'église cathédrale, et vivant en communauté, les chanoines chantaient nuit et jour des psaumes et les louanges de Dieu. Aussi le père Tomasini assure-t-il que, dans l'origine, les chanoines étaient des moines ; et il appuie son opinion sur les exemples que fournissent les écrivains des vies des souverains pontifes [1]. Sans rechercher à quelle époque cet institut perdit sa forme primitive, ni les variations qu'il éprouva, je vais faire connaître ici le costume de ces ecclésiastiques, tel qu'il était dans les XIV<sup>e</sup> et XV<sup>e</sup> siècles.

Il existe dans les principales églises de Rome de nombreuses pierres sépulcrales qui peuvent servir à préciser le costume des chanoines. Je les ai toutes consultées, mais je me suis particulièrement servi d'une des plus anciennes dans l'église de Sainte-Cécile. Elle y fut placée en mémoire d'un chanoine napolitain, mort l'an 1368. Ce chanoine a la tête couverte d'une espèce de capuchon doublé de vair, nommé aumusse, qui lui descend sur les épaules. Il paraît, d'après d'anciennes gravures, et d'après un chanoine allemand, dont le

[1] Muratori, *Antiquitates Italicæ medii ævi*, Diss. LXII.

T 1.                                                            16

père Bonanni donne le costume dans sa *Hiérarchie ecclésiastique*, que la couleur de ce capuchon était ordinairement noire. Ce chanoine porte, par-dessus
l'aube, une chasuble dont la couleur variait, ainsi que pour les autres ministres
de l'Église.

Si l'on supprime le capuchon, attribut du chanoine, le reste du costume
constitue celui des prêtres, ainsi que me l'a confirmé une ancienne pierre
sépulcrale de l'an 1316, également placée dans l'église Sainte-Cécile. J'observerai
seulement que le prêtre que cette pierre représente la tête découverte, porte la
tonsure.

CÉLÉBRATION DE LA MESSE

XIVᵉ SIÈCLE

# CÉLÉBRATION DE LA MESSE

La planche ci-jointe a été extraite d'une miniature du même manuscrit qui a fourni la précédente ; elle servira à donner une idée exacte de la célébration de la messe aux XIII⁰ et XIV⁰ siècles.

Le temple et l'autel devaient être décemment ornés, et ce soin concernait les prêtres. Il paraît, d'après l'examen des anciens monuments, que, dans le moyen âge, l'autel consistait en une simple table quadrilatère, recouverte d'une nappe, ornée de broderies. On ne remarque sur ces autels ni candélabres, ni aucun objet qui ne fût pas destiné au sacrifice. On n'y voit pas même la croix ; seulement d'un côté on suspendait quelques lampes, ainsi qu'une couronne d'or. Cependant, vers le XIV⁰ siècle, la renaissance des arts donna lieu à des innovations, et l'on commença alors à décorer les autels de peintures et à les orner de candélabres.

Les ecclésiastiques, en dehors de leur ministère, ne portaient pas des habits essentiellement différents de ceux des séculiers. Seulement, leurs vêtements devaient être noirs ou d'une couleur modeste. Dans leurs voyages, ils pouvaient faire usage, à cheval, de manteaux fermés, mais il leur était interdit de porter des chlamydes garnies de fourrures avec capuchon. Ils devaient également s'abstenir des couleurs écarlates ou vertes, ainsi que des chapeaux ou toques adoptés par les séculiers, et même des chaussures ornées de boutons ou terminées par de longues pointes [1].

Le prêtre représenté ici porte une chasuble bleue avec des fleurs rouges et blanches et une doublure verte. L'étole est blanche avec des croix rouges. Le jeune homme qui assiste à la messe, est vêtu d'une soubreveste blanche dont les manches sont ornées de fleurs vertes. Le capuchon et les chausses sont bleus. La jeune femme, qui est à côté, a une robe verte avec des fleurs blanches et une espèce de diadème blanc sur les cheveux. La suivante a une robe bleue et les cheveux entortillés avec un lacet noir. La dernière est coiffée d'un voile blanc. L'homme agenouillé porte un habillement vert et des chausses rouges. L'autre, enfin, a le capuchon bleu bordé de rouge.

[1] Muratori, *Antiquitates Italicæ*, Diss. **XXV-LVII**.

BÉNÉDICTIN
XIVᵉ SIÈCLE

# BÉNÉDICTIN

Saint Benoît, né à Norcia, se retira dans les montagnes de Subiaco, où bientôt il fut suivi par de nombreux disciples qu'attirait l'odeur de sa sainteté, ce qui le décida à y fonder un monastère. Plus tard, il en érigea un autre près du mont Cassin, et c'est là qu'il écrivit la règle de son ordre. On ne sait pas l'époque précise à laquelle il la rédigea, mais il est certain que ce fut avant le pontificat de saint Grégoire le Grand. L'ordre des religieux de saint Benoît s'accrut et se répandit extrêmement; leur habit fut prescrit par le concile de Vienne et fut ensuite confirmé par une bulle de Benoît XII, l'an 1336. Cet habit était entièrement de serge noire [1].

J'ai extrait ce costume des miniatures d'un manuscrit français conservé dans la bibliothèque du Vatican, sous le n° 3839; il représente un religieux bénédictin de la congrégation de Cluny. Cette nouvelle congrégation de Bénédictins eut son origine dans un monastère voisin de Cluny, en France, vers l'an 890. D'abord elle fut composé de douze moines, mais elle s'accrut beaucoup dans la suite. Ces religieux portaient un habit semblable à celui des moines connus sous le nom de Congrégation du mont Cassin [2].

Le religieux Bénédictin représenté dans la planche ci-jointe servira en consé-

[1] Philip. Bonanni, *Ordin. Relig. Catal.*. t. I, n. 99.
[2] *Ibid.*, n. 101.

quence à préciser le costume des deux congrégations de cet ordre. L'habit est entièrement de serge noire.

Ce costume de Bénédictin se trouve encore répété dans un grand nombre de monuments de peinture et de sculpture de la Lombardie.

34

FRANCISCAIN

XIV<sup>e</sup> SIÈCLE

# FRANCISCAIN

Le costume des Franciscains était d'autant plus curieux à donner dans cet ouvrage, que les peintres ont dû être souvent embarrassés pour le peindre, ce costume ayant subi plusieurs variations.

La rapidité avec laquelle se propagea l'ordre de Saint-François fut cause de ces variations qui eurent lieu non-seulement dans l'habit, mais dans la règle, et de là prirent origine les nombreuses réformes qui ont répandu de l'obscurité sur le véritable costume des premiers Franciscains. Les plus anciennes peintures où j'aie vu figurer le saint sont à Assise : elles datent du XIII<sup>e</sup> siècle, et cependant il paraît que déjà, dès cette époque, le costume donnait lieu à des doutes et à des contestations. Celui que j'ai choisi est d'une époque un peu postérieure, car il est extrait d'un tableau de Simone Memmi, mais il est semblable à ceux que j'ai observés dans les fresques de Cimabue, de Giotto et des anciens peintres qui ont orné l'église de Saint-François, à Assise. Ce costume a d'ailleurs assez de rapports avec celui des classes les plus pauvres, au XIII<sup>e</sup> siècle, pour qu'il soit permis de croire que si ce n'est pas celui qui fut adopté par le saint, il en diffère du moins très-peu.

J'ai extrait, dis-je, ce costume d'un précieux tableau de Simone Memmi, qui devait être gravé dans l'*Etruria Pittrice*, où il est cité, et qui fait aujourd'hui partie de la collection de M. Artaud, lequel a su profiter d'un long séjour en

Italie pour y rassembler laborieusement une collection presque complète de tableaux des peintres du xiv° et du xv° siècle.

Le Franciscain dont le costume est ici gravé porte une tunique d'une étoffe d'un gris-brun. Une corde blanche lui sert de ceinture.

J'ai trouvé tant de répétitions de ce costume religieux, qui figure si souvent dans l'histoire des xiii° et xiv° siècles, que leur seule nomenclature formerait ici un long catalogue de monuments de peinture ou de sculpture. J'en citerai cependant quelques-uns pour compléter ce que peut laisser à désirer celui auquel j'ai dû donner la préférence. Le monument de Bernabò Visconti, à Milan, présente dans ses bas-reliefs plusieurs figures de saint François, dont le costume est absolument semblable à celui-ci; la tunique seulement laisse entrevoir les pieds, qui sont nus, et dont la chaussure est formée par une sandale semblable à celles que portent encore aujourd'hui plusieurs ordres religieux.

Trois tableaux de la galerie de Brera, à Milan, m'ont offert des répétitions exactes de ce Franciscain. Il y en a même un qui est peint par Fra Carnevali, et qui tient à la main une petite croix absolument semblable à celle que l'on voit ici; seulement elle paraît de cristal, et elle est ornée de pierres précieuses. Dans presque toutes ces peintures, le Saint François est représenté déchaussé.

MÉDECIN
XIVᵉ SIÈCLE

35

# MÉDECIN

L'art des médecins et des apothicaires faisait partie des arts principaux dans les villes libres d'Italie. Mais quoique les médecins eussent leur collége, quoiqu'ils allassent de pair avec les chevaliers et les magistrats, portant comme eux les fourrures et l'écarlate, la médecine tomba néanmoins, pour plusieurs siècles, dans l'état le plus déplorable. Je citerai ici un fragment de la consultation du collége des médecins de Paris sur l'épidémie de l'an 1348. On y verra dans quelles ténèbres était encore enveloppé l'art de traiter les maladies, réduit alors à l'astrologie et à de misérables pratiques mises en usage par les Juifs, qui professaient aussi la science de guérir, ainsi qu'en font foi diverses nouvelles de F. Sacchetti.

Voici ce que les médecins de Paris et tout leur collége trouvèrent pour remédier à la mortalité.

« Nous (c'est-à dire le collége des médecins de Paris), après mûre et profonde discussion en conseil sur la cause de la présente mortalité et destruction de la vie, appuyés sur les témoignages de nos anciens sages en médecine, déclarons la cause de cette épidémie le plus clairement possible d'après les règles et les conclusions de l'astrologie et de la science naturelle.

« Il est certain et évident que dans les régions de l'Inde et du grand Océan, les étoiles menaçant les rayons du soleil, sa chaleur et celle du feu céleste usèrent leur puissance contre l'eau de ces mers en la combattant fortement ; de là naquirent

d'épaisses vapeurs qui, couvrant le soleil, en changèrent la lumière en ténèbres,
et ces vapeurs retombèrent fréquemment sur la mer pendant vingt-huit jours.
Mais, à la fin, la puissance du feu et du soleil agirent avec tant de force sur la mer
qu'ils en tirèrent à eux comme une partie, et l'eau, changée en fumée; s'éleva dans
l'air. C'est pourquoi, dans de certaines parties, les eaux se corrompirent tellement
qu'elles firent mourir et gâtèrent les poissons ; et cette eau ainsi corrompue ne put
ni être consumée par la chaleur du soleil, ni former de la pluie, ni grêle, ni neige
ou rosée; mais cette vapeur volant dans les airs répandit sur plusieurs parties du
monde un voile couleur de verre. Elle couvrit toute l'Arabie, une partie de l'Inde
et de l'île de Crète, les vallées et les plaines de la Macédoine, la Hongrie,
l'Albanie et la Sicile ; et, si elle s'étend sur la Sardaigne, il n'y restera pas
une âme vivante. Tel sera le sort de toutes les îles et contrées voisines où ce
vent marin corrompu passera ou sera arrivé pendant que le soleil sera dans le
signe du Lion. Si les habitants de ces lieux ne font pas usage des remèdes suivants,
nous leur annonçons une mort certaine et prompte, à moins du secours divin de
Jésus-Christ [1]. »

La suite contient le régime à observer.

Le costume de ces étranges guérisseurs est extrait d'un tableau d'auteur inconnu,
conservé dans l'Académie des beaux-arts de Sienne. Le médecin qu'il représente
porte un chaperon de velours couleur de laque bordé d'hermine. Le manteau est
noir avec doublure blanche; l'habit est écarlate et la manche de dessous est d'un
vert foncé. Les boutons et les broderies sont en or. La chaussure est rouge. La boîte
et les petites pinces sont en or.

Il y a dans l'église de Saint-Étienne *del Cacco*, à Rome, une pierre sépulcrale du
médecin Paul des Célestins, mort en l'an 1462, dont le costume offre encore beau-.
coup d'analogie avec celui-ci.

---

[1] Muratori, *Script. rer. Italic.*, t. XII, p. 527.

JEVNES ITALIENNES
XIV.ᵉ SIÈCLE

# JEUNES ITALIENNES

Quoique ces costumes présentent beaucoup de rapports avec ceux que j'ai tirés du roman de la Rose, à la Bibliothèque royale de Paris, ils offrent cependant assez de variété pour qu'on les fasse figurer dans ce recueil. Les robes n'ont pas de ceintures, et la première de ces jeunes Italiennes a les cheveux entortillés de la même manière que dans quelques costumes que l'on trouvera dans le cours du présent ouvrage. La robe est garnie de fourrure dans le bas et d'une broderie en or autour du cou. La jeune femme, placée au milieu, a une coiffure qui ressemble à celle que m'a déjà fournie une Bible manuscrite de la Bibliothèque de Paris. La robe est également garnie de fourrure, mais la manche gauche et une partie du corsage sont d'une autre couleur que le reste de la robe. La partie gauche est blanche et l'autre est bleu de ciel. La troisième est vue par derrière; elle a la robe semblable à la précédente et toutes deux ont les manches ornées de boutons rouges. Le capuchon était ordinairement rouge ou noir. Elles portent toutes la chaussure à la poulaine.

J'ai extrait ces costumes d'un manuscrit de Tite-Live, conservé dans la bibliothèque Ambroisienne, à Milan.

DOGE DE VENISE

XIVᴱ SIÈCLE

3.

# DOGE DE VENISE

Dans le XIV<sup>e</sup> siècle, le doge de Venise avait cessé de porter les vêtements grecs qui se trouvent décrits au n° 17 de la présente édition. Le fameux *corno* a remplacé la couronne qu'il portait précédemment, et son manteau ducal s'est modifié sur les costumes en usage alors dans le reste de l'Italie.

Ce costume est extrait du monument sépulcral du doge Michel Steno dans l'église Saints-Jean-et-Paul. L'épitaphe porte pour date l'an 1413. Je l'ai comparé à plusieurs autres monuments du même siècle et n'ai pas remarqué entre eux de différences sensibles. Le *corno*, ou bonnet ducal, était de velours cramoisi, garni d'une couronne d'or. Il reposait sur une espèce de coiffe ou bonnet blanc semblable à celui que porte le costume n° 22, du jeune Français. La simarre ou manteau ducal était de brocart d'or.

La statue du doge François Dandolo, mort l'an 1330, porte un costume absolument semblable à celui de Michel Steno.

Le doge *Tron*, dans l'église des *Frari*, a des manches très-larges à sa simarre et doublées d'hermine. Il porte une ceinture, peu serrée, retenue par une boucle d'or.

Dans un admirable tableau de *Gentile Bellini*, conservé à l'Académie des beaux-arts de Venise, le doge est représenté avec le bonnet ducal à tissu d'or. Le manteau est de brocart et l'aumusse d'hermine. L'habit de dessous est couleur de laque.

On porte derrière lui une espèce de parasol doré, dont le bâton est rouge, et un estafier soutient sur l'épaule un coussin de tissu d'or, dont le doge se servait sans doute pour s'agenouiller dans l'église.

VICTOR PISANI
XIVᵉ SIÈCLE

# VICTOR PISANI

J'ai extrait le portrait de ce grand général, de la statue qu'on lui a élevée dans l'arsenal de Venise et qu'on y a conservée.

Victor Pisani se distingua dans la guerre qu'il fit aux Génois, mais un revers fit oublier tous ses services; il fut condamné à avoir la tête tranchée. La peine fut commuée en cinq années de prison. Les Génois profitèrent de la disgrâce de leur plus redoutable adversaire et vinrent, après de nombreux succès, braver les Vénitiens jusque dans leurs lagunes. Ceux-ci armèrent à la hâte le peu de galères qui leur restaient; mais les matelots refusèrent à grands cris d'y monter si on ne leur rendait leur général. Victor Pisani vit s'ouvrir les portes du cachot où il languissait, et arriva au palais ducal aux acclamations du peuple. Bien loin de garder ressentiment de l'injuste outrage dont il avait été la victime, il approuva la sentence rendue contre lui, puisqu'on l'avait crue utile au bien public, et ce grand homme se vengea de l'ingratitude de ses concitoyens en faisant de nouveau triompher leurs armes. Il mourut l'an 1380.

J'aurai occasion de décrire au costume qui porte le n° 68, et auquel je renvoie le lecteur, la composition des cuirasses dont étaient armés les guerriers de cette époque. Le portrait de Victor Pisani ne laisse plus rien à désirer pour les détails.

PÉTRARQVE

XIV$^e$ SIÈCLE

# PÉTRARQUE

Pourquoi n'en est-il pas des œuvres des arts comme des productions de l'esprit ?
Pourquoi le temps, défigurant insensiblement les premières, finit-il par les détruire
entièrement, tandis que les autres passent de génération en génération, et pour-
suivent leur carrière semblables à un fleuve majestueux dont rien ne peut arrêter
ou changer le cours ? Dès le XIIIᵉ siècle, qui fut comme l'aurore du beau jour de la
renaissance, la peinture timide et naïve s'efforça de recueillir les traits de ceux qui
captivaient l'admiration de leurs contemporains. Mais le temps destructeur con-
sume ces monuments si précieux ; trop souvent des restaurations plus barbares encore que le temps complètent leur ruine : bientôt il ne reste plus que ce qui est
indestructible, un nom que la gloire a arraché à l'oubli. Jusqu'ici le portrait de
Pétrarque, peint par son ami Simon Memmi, dans le chapitre des Espagnols, de
l'église de Santa Maria Novella, à Florence, a échappé à son entière métamorphose.
Je me hâte de le faire entrer dans ce Recueil, heureux de pouvoir faire connaître
au moins par les traits de son visage, un homme aussi célèbre. Rome et Paris se
disputèrent la gloire de couronner le poëte qui captivait l'admiration universelle.
Le Capitole eut la préférence, et je crois servir à l'histoire des mœurs et des costumes du temps en traduisant ici le récit de cette cérémonie, tel que nous l'a transmis,
dans son langage naïf, messire Buoncomte Monaldeschi[1].

---

[1] Muratori, *Script. rer. Italic.*, t. XII.

« L'an 1341, sous le pontificat du pape Benoît XII, à l'époque où messire Étienne Colonne était envoyé auprès du pape, messire Orso dell' Anguillara voulut couronner messire François Pétrarque, poëte célèbre, et la cérémonie eut lieu dans le Capitole ainsi qu'il suit. On vêtit de rouge douze jeunes garçons de quinze ans chacun, et ils étaient tous fils de gentilshommes ou de citoyens... Ensuite ces jeunes garçons récitèrent un grand nombre de vers composés par le poëte en l'honneur du peuple. Après eux, venaient six nobles-citoyens vêtus de drap vert, et portant chacun une couronne de fleurs... Le sénateur les suivait, entouré d'un grand nombre de citoyens ; il portait sur la tête une couronne de laurier et il s'assit sur le fauteuil de parade. On appela ledit messire François Pétrarque, et celui-ci se présenta vêtu de long, et s'écria trois fois : Vive le peuple romain ! vive le sénateur ! et que Dieu leur conserve la liberté ! Ensuite il s'agenouilla devant le sénateur, qui lui dit : Que cette couronne serve de récompense à la vertu ; et il ceignit le front de messire Pétrarque de la couronne qu'il portait sur la tête. Celui-ci récita un beau sonnet dans lequel était célébrée la gloire des anciens Romains. Cette poésie fut accueillie avec transport, et le peuple s'écriait de toutes parts : Vivent le Capitole et le poëte ! »

La tombe d'un avocat consistorial, mort à Rome en l'an 1475, et enseveli dans l'église d'Ara-Cœli, présente un costume semblable à celui de Pétrarque. Dans la même église, la tombe d'un docteur ès-lois, mort l'an 1393, offre la même analogie.

Pétrarque est entièrement vêtu d'écarlate. Son capuchon est doublé d'hermine.

40

LAVRE

XIV<sup>e</sup> SIÈCLE

# LAURE

« Quando giunse a Simon l'alto concetto
   « Ch'a mio nome gli pose in man lo stile ;
   « S' avesse dato all' opera gentile
   « Con la figura voce ed intelletto ;
« Di sospir molti mi sgombrava il petto ;
   « Che ciò che altri han più caro, a me fan vile ;
   « Però che' n vista ella si mostra umile,
   « Promettendomi pace nell' aspetto.
« Ma poi ch'io vengo a ragionar con lei ;
   « Benignamente assai par che m'ascolte ;
   « Se risponder savesse a' detti miei,
« Pigmalion, quanto lodar ti dei
   « Dell' immagine tua, se mille volte
   « N' avesti quel ch' io sol una vorrei ¹ ? »

La lecture des vers qui ont immortalisé celle qui inspira à Pétrarque une passion
si vive et si constante éveille naturellement le désir de connaître les traits d'une
femme aussi charmante. C'est encore à Simon Memmi, à l'ami du poëte, que j'em-

¹ Lorsque pour me plaire, Simon, par une noble inspiration, prit en main ses pinceaux, s'il
eût donné à son charmant ouvrage avec la ressemblance la voix et l'intelligence, de combien de
soupirs il eût soulagé mon âme ; je ne dédaignerais pas ce qui a tant de prix pour d'autres. Ici
elle se montre humble, son aspect me promet la paix. Mais lorsqu'elle me parle, lorsqu'elle
semble m'écouter avec bonté, que ne sait-elle répondre à mes paroles ! Pygmalion, combien tu
dois te louer de ta statue, si tu en obtins mille fois ce que je désirerais une seule.

prunte un portrait auquel le censeur le plus austère ne saurait refuser un regard d'intérêt.

M. le professeur Marsand, dans son édition des œuvres de Pétrarque, révoque en doute ce portrait et le précédent. Il s'appuie de l'autorité de Cicognara pour donner une préférence exclusive à un prétendu portrait de Laure que possède le chevalier Bellanti, à Sienne. J'ai examiné avec soin cette peinture, et je me suis convaincu que, non-seulement elle n'est pas de Simon Memmi, mais encore qu'elle est de la main d'un peintre du xvᵉ siècle. Le costume appartient à une époque de beaucoup postérieure à celle de Laure. Cependant une opinion hasardée sur de bien faibles probabilités a prévalu sur les preuves irrécusables qui garantissent l'authenticité du portrait peint par Simon Memmi à Florence.

Le roman de Lancelot du Lac, coté nᵒ 6964, à la Bibliothèque du Roi, à Paris, m'a donné une nouvelle preuve de la confiance que doivent inspirer les peintures italiennes de ces temps-là. Les costumes de femmes y ont beaucoup d'analogie avec celui de Laure, qui était française. La pierre sépulcrale de Lélia Casali, morte à Rome à l'âge de vingt-cinq ans, l'an 1448, m'a confirmé dans l'opinion que les costumes ont éprouvé, vers cette époque, des variations fort lentes ou bien peu sensibles.

Vasari donne au portrait ci-joint un caractère d'authenticité qui est encore confirmé par la tradition. Laure est représentée la tête couverte d'un petit capuchon blanc fermé au cou par des boutons d'or et orné d'une petite frange rouge. La robe est de damas vert brodé en or. Simon Memmi lui a peint une petite flamme au-dessous du cou pour la faire reconnaître.

CIMABVE

XIV<sup>E</sup> SIECLE

# CIMABUÉ

Nous devons à un élève de Giotto, Simon Memmi, le portrait du grand artiste qui fut le maître de Giotto, et qui ouvrit les portes de la Renaissance. Ce portrait est bien tel que le décrivait George Vasari, il y a trois cents ans : « Le visage est de profil et maigre, la barbe courte, un peu rousse et pointue, la tête est couverte d'un chaperon qui enveloppe le col avec grâce. » Le bonheur a voulu qu'un aussi précieux morceau échappât aux ravages du temps et aux tentatives des restaurateurs, et c'est une bonne fortune pour nous que de rencontrer, dans une peinture authentique, un costume du XIIIᵉ siècle qui est porté par le régénérateur de la peinture. Cimabué naquit en 1240, c'est-à-dire au milieu de ce beau siècle qui vit renaître en Italie la sublime antiquité, tandis que la France élevait à son apogée ce grand art chrétien qu'elle avait vu naître chez elle et qui portait ses plus beaux fruits sur le sol même où il était né.

Les grands hommes sont ceux qui arrivent à propos. Lorsque Cimabué inaugura la Renaissance, tout était si bien préparé, qu'à l'aspect des premiers ouvrages de ce peintre, encore à demi-barbare, l'Italie tressaillit de joie. On se rappelle comment fut accueillie la Madone qu'il avait peinte pour une église de Florence.

Le peuple s'empara de la Madone et la porta en triomphe au bruit des trompettes et des cris de joie jusqu'à l'église où elle devait être déposée. On raconte et on lit, dans les mémoires de quelques vieux peintres, que les magistrats de Florence

ne crurent pouvoir faire un plus grand plaisir au roi Charles d'Anjou, qui traver-
sait leur ville, que de lui montrer cette Madone à laquelle Cimabué travaillait
dans une maison de campagne près de la porte San Piero. Comme personne ne l'a-
vait encore vue, tous les Florentins, hommes et femmes, accoururent en foule pour
la contempler. En souvenir de cette fête, le faubourg prit le nom de Borgo Allegri,
qu'il a conservé, même depuis qu'il est renfermé dans les murs de la ville.

Il mourut l'an 1300, à l'âge de soixante ans. Son plus beau titre de gloire a été
d'avoir laissé un élève tel que Giotto, et d'avoir deviné le génie de son futur successeur, lorsque celui-ci, encore enfant, gardait les troupeaux de son père aux en-
virons de Florence et traçait sur le sable ses premiers dessins.

Une chose que l'on a trop oubliée au sujet de Cimabué, c'est qu'il donna le premier exemple de la réunion des différents arts dans un seul artiste, puisqu'il fu
jugé assez habile architecte pour être adjoint à Arnolfo di Lapi dans la construction
de Santa Maria del Fiore.

Le portait que je donne ici est extrait des peintures de Simon Memmi, dans le
chapitre des Espagnols de Santa Maria Novella à Florence. Cimabué y est représenté
avec un court manteau blanc brodé en or, dont le capuchon lui recouvre la tête, et
de la pointe duquel pend un long cordon en or. La soubreveste, les chausses, les
jarretières et la chaussure sont également blanches, avec des ornements et des broderies en or. Il a la barbe et les cheveux noirs.

CAV DE LA SCALA
XIVᵉ Siècle

42.

# FRANÇOIS SCALIGER OU DELLA SCALA

## DIT CAN GRANDE

Au milieu des petits despotes qui dévoraient et ensanglantaient la malheureuse Lombardie, la famille des Scaliger s'est distinguée par quelques vertus et par un amour éclairé des arts et des lettres. Aussi celui dont je place ici le costume devra-t-il une célébrité plus durable aux vers du Dante, auquel il donna un asile, qu'aux monuments funèbres que lui et sa famille se sont fait élever à grands frais pour perpétuer le souvenir de leur grandeur et de leur puissance.

Ce prince naquit l'an 1291 et mourut l'an 1329 à Trévise, d'où son corps fut rapporté à Vérone. Sa qualité de capitaine général des Gibelins le fit excommunier par le pape, mais sa valeur et ses exploits le placèrent au rang des plus grands hommes de guerre.

Son mausolée, placé à Vérone parmi les tombeaux de sa famille, à la porte de l'église Santa Maria Antica, est le plus simple de tous, quoique François III eût été le plus magnifique de sa race, ayant eu, dans ses petits États, quelque chose de la grandeur d'Auguste et de la générosité de Mécène; aussi l'appela-t on Can Grande. Son effigie est sculptée deux fois. Le héros est d'abord couché sur son cercueil comme sur un lit de parade. On le revoit ensuite à la cime de son monument, armé de toutes pièces, sur un cheval couvert d'une housse funéraire.

Lorsque Giotto fut devenu un grand peintre, grâce à Cimabué, François Scaliger le fit venir à sa cour et le chargea de peindre les appartements de son palais. Giotto se trouva donc partager avec le Dante l'hospitalité de Can Grande, et c'est là que l'artiste et le poëte se lièrent d'amitié... Mais le Dante finit par trouver amer le pain de l'étranger, et il lui sembla dur de monter l'escalier d'un maître. Peut-être même y a-t-il un jeu de mots, une allusion aux della Scala, dans ce vers :

Salir per l'altrui scale.

suivant l'ingénieuse remarque de M. Valéry.

SBIRE
XIVe SIÈCLE

43

# S B I R E

En regard du costume qui porte, dans cette nouvelle édition, le n° 142, on verra ce que nous avons dit touchant l'origine du podestat et la durée de sa charge. La cour du podestat de Florence se composait de deux assesseurs pour les causes civiles, d'un juge criminel, de quatre notaires, de huit pages et d'un officier avec vingt-cinq sbires. Le chaperon et l'épée, qu'un page portait devant le podestat dans les grandes cérémonies (voyez le costume n° 142), furent une marque de distinction accordée à la seigneurie de Florence, la veille de Noël 1434, par Eugène IV, à l'époque de son passage par cette ville.

L'emploi des sbires était à cette époque à peu près tel qu'il s'est maintenu jusqu'à nos jours en Toscane. La nuit, munis d'un bâton et d'une lanterne, ils veillaient à l'observation exacte des règlements de police et au maintien du bon ordre. On les trouve souvent, dans les nouvellistes du temps, désignés sous le nom de *famiglio*. Leur costume était, ainsi qu'il l'est encore aujourd'hui, celui des gens du menu peuple ; et la figure suivante est en cela d'autant plus intéressante qu'elle sert à préciser la manière dont s'habillaient les classes les plus pauvres de citoyens.

J'ai observé, dans une infinité de miniatures des XIV<sup>e</sup> et XV<sup>e</sup> siècles, que tous les paysans, bergers et hommes du petit peuple sont, à très-peu de différence près, vêtus comme ce sbire dont j'ai tiré le costume d'une peinture qui ornait la couverture d'un ancien registre de la Biccherna à Sienne. Il porte un bonnet écarlate ; le manteau est couleur de plomb, avec une bordure noire. L'habit de dessous est noir, les chausses sont rouges et les bottines noires. La lanterne est jaune. Au-dessous de cette figure, pour ne pas laisser de doute sur ce qu'elle représentait, on avait écrit *famiglio*.

ARCHER ITALIEN
XIVᵉ Siècle

# ARCHER ITALIEN

Il paraît, d'après les Chroniques de Froissart, que les Italiens passaient, aux XIII⁰ et XIV⁰ siècles, pour les meilleurs archers de l'Europe, et que, malgré le mépris que les chevaliers et hommes d'armes avaient pour cette sorte de soldats, les archers contribuaient puissamment au gain des batailles. Ils étaient ordinairement protégés par un soldat qui les couvrait d'un immense bouclier ou *pavois*, derrière lequel ils s'abritaient pour décocher leurs flèches. Celui dont je donne ici le costume ressemble plutôt à un jeune gentilhomme qui se livre au délassement de la chasse, qu'à un de ces terribles archers dont les flèches portaient le désordre et la mort dans les rangs de la cavalerie. Je l'ai extrait d'un manuscrit de Tite-Live, conservé dans la bibliothèque Ambroisienne, duquel j'ai emprunté plusieurs autres costumes, notamment celui des jeunes Italiennes, n° 36. Les couleurs n'y sont pas décrites, mais il est facile d'y suppléer, grâce à l'analogie qu'on y trouve avec les autres costumes de cette époque.

CHARTREVX
XIVᵉ SIÉCLE

# CHARTREUX

Il existe dans la partie la plus âpre et la plus sauvage des Alpes une retraite que la nature semblait avoir voulu cacher derrière les rochers et les neiges. Ce n'est pas sans danger et sans effroi que l'on peut y parvenir, même aujourd'hui. Après une marche longue et difficile, on s'engage dans un défilé formé par deux montagnes qui descendent verticalement des nues où va se perdre leur sommet; ce défilé est si étroit qu'il offre à peine assez d'espace au torrent qui s'y précipite avec fracas, et au sentier par lequel le voyageur se glisse, le long des parois du rocher, audessus d'un abîme effrayant. Une double porte et un pont rustique donnent entrée dans une immense forêt de sapins, dont les cimes s'élancent comme pour surpasser les sommités des monts qui les environnent. Le silence et l'obscurité mystérieuse de ces lieux préparent l'âme aux impressions les plus fortes.

C'est au delà de ces bornes que la nature semblait avoir opposées à la civilisation que saint Bruno, issu d'une famille noble de Cologne, renonçant aux vaines pompes du monde, alla chercher une solitude qu'il sanctifia par ses vertus. Sa piété et l'austérité de sa vie firent accourir auprès de lui de nombreux disciples, dont le zèle et la charité portèrent la culture et l'abondance dans ces lieux déserts. Ce sol, défriché par eux et disputé aux neiges et aux avalanches, se couvrit de riches moissons qui devinrent le partage du pauvre, du plébéien et du voyageur.

L'ordre des chartreux prit son nom des montagnes de la Chartreuse dans le Dauphiné où il fut fondé. Son origine date de l'an 1080 environ. Il reçut la sanction apostolique d'Alexandre III vers l'an 1178 [1].

Le costume suivant est extrait du tableau d'Ambroise Lorenzetti, qui m'a fourni beaucoup d'autres costumes que l'on trouve dans cet ouvrage, notamment le costume de cardinal, n° 109. Ce chartreux est entièrement vêtu de laine blanche. La ceinture seule et la chaussure sont de cuir jaunâtre.

[1] Filip. Bonnani, *Ordres religieux*, Part. I, p. 108.

DOMINICAINE
XIVᵉ SIÈCLE

46

# DOMINICAINE

La fondation de cet ordre religieux par saint Dominique précéda celui des frères prêcheurs. Il n'entre pas dans mon sujet de rechercher ici ni les règles ni les constitutions de cet ordre, mais seulement d'indiquer les observations que j'ai pu faire sur le costume de ces religieuses. Il est reconnu que les habits religieux éprouvèrent à diverses époques des variations soit dans leur forme, soit dans les parties dont ils se composent. La dominicaine dont je donne ici le costume en est une preuve. Je l'ai extraite du tableau d'Ambroise Lorenzetti, qui m'a fourni les costumes n<sup>os</sup> 45, 96 et 109. Cette religieuse porte sur la tête un voile noir qui en recouvre un blanc. La tunique est blanche, mais le scapulaire est de couleur tannée, ainsi que l'indique le père Bonanni [1], et il diffère en cela du costume moderne de ces religieuses qui portent le scapulaire blanc.

[1] Filip. Bonnani, *Ordres religieux*, Cat. Part. II, n° 46.

JEVNE ITALIEN
XIVᵉ SIÈCLE

47

# JEUNE ITALIEN

Ce costume militaire est encore extrait de l'un des tableaux de la collection de M. Artaud. Cette peinture est, sans nul doute, de ce même Vanni de Sienne, qui m'a fourni plusieurs costumes précieux. Vanni est un peintre fort remarquable pour l'époque à laquelle il appartient, car ses compositions sont en général remplies d'allégories parfaites, essor que n'osaient guère se permettre les artistes ses contemporains, à moins que ce ne fussent des allégories religieuses.

Le jeune Italien dont Vanni m'a fourni le costume est coiffé d'un bonnet écarlate. La soubreveste est blanche et recouverte d'une cuirasse d'acier ornée de boutons dorés. Le collet du pourpoint est écarlate, avec un réseau noir, et laisse voir un peu de la chemise. Les manches sont de damas violet. La chausse droite est noire; la gauche est blanche avec une bande écarlate à la partie extérieure de la jambe. Le fourreau du poignard est rouge.

Le bonnet de ce jeune homme peut servir aussi à compléter le costume du jeune Siennois, qui est représenté tête nue, au n° 185 de la présente édition. Cette forme de bonnet était d'un usage assez général parmi les jeunes gens des XIV<sup>e</sup> et XV<sup>e</sup> siècles. Souvent un jeune gentilhomme portait ses chausses composées de pièces ou bandes des couleurs qui entraient dans ses armoiries; souvent aussi les soldats des milices urbaines portaient à leurs chausses les couleurs du quartier auquel ils appartenaient.

TOM. I.                                               24

JEVNE ITALIENNE

XIVᵉ SIÈCLE

JVIF.
XIVᵉ SIÈCLE

# JUIF

Les Juifs s'étaient répandus en Italie ainsi que dans tout l'Occident après la prise de Jérusalem. Leur situation politique pendant le moyen âge, leur isolement au sein même des nations qui les avaient accueillis, l'oppression qui pesait sur eux dans la plupart des grands royaumes où ils étaient tolérés, développèrent leur industrie, que favorisait encore une vie errante, sans fixité et sans patrie. Le commerce et trop souvent l'usure furent la source des immenses richesses de ce peuple, et si ces richesses devinrent quelquefois la proie de la violence, son activité infatigable les faisait aussitôt renaître.

Scipion Ammirato, dans son *Histoire de Florence,* dit que les Juifs ne furent admis dans cette ville que l'an 1430; et le motif qui fit prendre cette mesure en leur faveur est trop bizarre pour qu'on n'en fasse pas mention. « Les gens pauvres, dit-il, étaient extrêmement affligés, et leur misère s'accroissait d'autant plus que, voulant s'aider de petits emprunts, ils ne le pouvaient qu'au moyen d'usures exorbitantes. Pour en diminuer le poids, les magistrats délibérèrent d'introduire dans Florence les Juifs, en leur accordant la permission de prêter à raison de quatre deniers par livre chaque mois [1]. »

Le costume que je donne ici est extrait d'un petit tableau de *Sano di Pietro,*

[1] *Stor.*, lib. XX, p. 1063.

conservé dans l'Académie des beaux-arts de Sienne. Le sujet de cette peinture et l'affectation avec laquelle plusieurs peintres du temps, comme Spinello Aretino et une foule d'autres, ont répété ce costume toutes les fois qu'ils ont dû représenter des Juifs, ne laisse aucun doute sur son authenticité.

Celui-ci a la tête couverte d'une toile blanche, son manteau est jaune, l'habit de dessous est verdâtre, et la ceinture est rouge ainsi que la chaussure. Les broderies sont en or.

31

:TEVR DE L'HOPITAL DE SIENNE

XIVᴱ SIÈCLE

# RECTEUR DE L'HOPITAL DE SIENNE

L'Italie et la France étaient bien loin de ressembler, pendant le moyen âge, à ce que sont aujourd'hui ces deux États. Dans l'un, les dévastations des barbares, dans l'autre, la tyrannie des seigneurs châtelains, et dans tous les deux la licence militaire et l'impunité des vagabonds rendaient les communications aussi difficiles que pénibles et dangercuses. Cependant les pèlerinages se multipliaient et les routes étaient continuellement couvertes de dévots qui se rendaient de toutes parts en terre sainte, à Rome ou à Saint-Jacques-de-Compostelle, les uns pour apaiser les remords de leur conscience, les autres pour l'accomplissement d'un vœu. Les riches obtenaient l'hospitalité chez leurs amis; la charité chrétienne se hâta de pourvoir aux besoins des pauvres. Telle fut l'origine des hôpitaux, et telle fut la rapidité avec laquelle ils se multiplièrent dans les campagnes et dans les villes, que la société sembla bientôt s'être partagée en pèlerins, en malades et en hospitaliers.

L'hôpital de la Scala, de Sienne, passe pour un des plus anciens établissements de ce genre; ayant été fondé, ainsi que l'affirme Jérôme Gigli [1], l'an 832, par le bienheureux Sorore. Il institua également une confrérie de frères servants sous la règle de Saint-Augustin, ainsi que le sont généralement tous les religieux hospita-

---

[1] *Diario Senese*, Part. I, page 99.

liers, et de ceux-ci dérivèrent la plupart des autres hospices hors du territoire de Sienne. Les prérogatives attachées à la charge de recteur étaient tellement importantes que, soit par suite d'abus de la part des chanoines de la cathédrale, qui en étaient investis dans l'origine [1], soit par suite de la jalousie qu'en avaient conçue les magistrats, le choix du recteur fut dévolu à ces derniers vers le xiie siècle, et une bulle du pape Célestin III l'exempta du droit des chanoines en 1198.

Une des salles de l'hôpital de la Scala est ornée de peintures de Dominique de Bartoli, qui sont remplies de détails intéressants sur les mœurs de cette époque. L'on y voit que, dès lors, cet hospice était également destiné à loger les pèlerins et à servir de refuge aux malades; que les enfants abandonnés y étaient recueillis et élevés, et qu'enfin, sur ses revenus, on prélevait des dots pour marier les jeunes filles. C'est de l'une des peintures de Bartoli que j'ai extrait le costume du recteur. Il est coiffé d'une toque noire que recouvre un petit bonnet blanc. Le manteau est d'une étoffe de soie violette; l'habit est noir avec des parements jaunes aux manches; celles de dessous sont vertes. Les chausses et les souliers sont noirs. Il porte sur la poitrine une petite échelle surmontée d'une croix, emblème de l'hôpital de la Scala.

[1] Muratori. *Antiq. Italic. medii ævi.* Diss. XXXVII.

# JEUNE ITALIENNE

J'ai emprunté ce costume au même tableau que le précédent. J'y ai remarqué beaucoup d'analogie avec les costumes français de cette époque.

Cette jeune Italienne est coiffée d'une espèce de turban violet, recouvert d'un riche réseau d'or. Ce turban ne pose que sur le sommet de la tête, et laisse voir les cheveux entortillés dans un lacet blanc, de la même manière que ceux de la jeune Française dont on trouvera le costume au n° 76. Un petit filet noir lui passe sur le front. La simarre est de tissu d'or, bordée d'hermine, et laisse voir la chemise autour du cou. Les manches de la simarre sont d'un tissu d'or d'un autre travail; elles sont garnies d'hermine et doublées d'une étoffe vert foncé. La ceinture de la simarre est enrichie de boutons dorés. La manche de dessous est de damas vert. La chaussure est rouge et les bas sont blancs.

Les peintures de Dominique Bartoli, dans l'hôpital de Sienne, offrent divers costumes de femmes avec des coiffures presque semblables à celle-ci.

Les miniatures du manuscrit de Tite-Live de la bibliothèque Ambroisienne, à Milan, auraient pu servir à expliquer cette manière d'entortiller les cheveux; mais les nombreux exemples que j'ai dû en donner dans plusieurs costumes, où ce genre de coiffure se trouve répété de manière à être bien compris, m'ont paru ne laisser rien à désirer.

DOCTEVR DES LOIS
XIVᵉ SIÈCLE

49.

# DOCTEUR DES LOIS

L'Université de Padoue a occupé un des premiers rangs parmi les établissements d'utilité publique pendant le moyen âge. Sa célébrité y attirait un nombre considérable d'étudiants de toutes nations, et ses professeurs jouissaient de grands priviléges. J'ai extrait la figure suivante d'une peinture en grisaille du *Guariento*, qui se trouve dans l'église des frères ermites de Padoue. Ce costume, presque semblable à celui des seigneurs de Carrare et des nobles Vénitiens que j'ai eu l'occasion d'observer, m'a donné la preuve non-seulement de son analogie avec les costumes des nobles Italiens de cette époque, mais encore de sa conformité avec ceux des professeurs de l'Université de Bologne. Les monuments de cette dernière ville m'en ont offert plusieurs répétitions; entre autres celui de *Nicolas dei Fabri*, que j'ai trouvé dans l'église de Saint-Jacques Majeur.

Quelques statues peintes m'ont donné la certitude que les docteurs des lois de l'Université de Padoue se servaient, pour leurs vêtements, de certaines étoffes dont l'usage n'appartenait qu'aux nobles et aux chevaliers, telles que l'écarlate doublée et garnie d'hermine. J'ai encore remarqué dans l'église de Saint-Antoine de Padoue une statue d'un autre professeur de l'Université dont tous les vêtements sont peints en rouge avec garniture d'hermine. La chaussure est noire.

MATRONE SIENNOISE
XIVᵉ SIÈCLE

# MATRONE SIENNOISE

On a déjà pu observer, dans les costumes précédents, que la coiffure des femmes servait à faire distinguer leur état dans la société. Les ajustements de tête des femmes mariées présentent de grandes variations, et plusieurs sont aussi remarquables par leur élégance que par la singularité de leurs formes. La figure ci-jointe est empruntée d'un tableau de Vanni, conservé à l'Académie des beaux-arts de Sienne [1]. Ce peintre y a représenté les triomphes de Pétrarque. Le costume que j'ai choisi appartient à la femme d'un magistrat de la république, et l'usage en était assez répandu dans le reste de l'Italie, ainsi qu'on en voit une preuve dans les historiens de cette époque, tels que Ricobaldo de Ferrare et Jean Musso de Plaisance.

Cette Siennoise est coiffée d'un bonnet violet et d'un léger voile de la même couleur, ornés l'un et l'autre de broderies d'or. Un petit filet noir lui passe sur le front. La robe est verte avec des fleurs d'or; les manches en sont fort larges et doublées d'une fourrure bleue. La ceinture est noire et enrichie de boutons d'or.

[1] Il ne faut pas confondre ce Vanni avec les peintres du même nom que cite l'abbé Lanzi en parlant de l'école siennoise. Celui-ci est fort antérieur, et appartient au commencement du XIV° siècle. Je n'ai pu en trouver aucune notice; le nom seul du peintre écrit sur l'un de ces tableaux est tout ce qu'il m'a été possible d'apprendre d'un artiste qui mérite un rang distingué dans la première école siennoise. Les panneaux sur lesquels il peignait étaient entièrement dorés, et il se servait d'outils et de poinçons pour enlever la couleur, et avec l'or du dessous faire les broderies et les ornements qui abondent sur les vêtements et les figures de ses tableaux.

53

FVNÉRAILLES D'VN EVÈQVE
XIVᵉ SIÈCLE

# FUNÉRAILLES D'UN ÉVÊQUE

On conserve encore aujourd'hui en Italie l'usage de porter les morts à découvert à l'église et d'y exposer ainsi les personnages de distinction, surtout les prêtres, vêtus de riches habits. La planche ci-contre est la copie fidèle d'une des précieuses miniatures qui ornent un Missel conservé dans les archives de l'église de Saint-Ambroise à Milan. Elle représente les funérailles d'un évêque. Le mort est vêtu de ses habits pontificaux : chasuble blanche avec doublure violette. Le collet est noir et brodé en or. La tunique de dessous est verte et la mitre est blanche. La tête repose sur un coussin vert brodé en or, et le corps est placé sur une draperie écarlate ornée de broderies noires et blanches.

L'évêque qui officie est coiffé d'une mitre blanche avec ornements noirs et pierres précieuses. La chape est violette avec bordure noire brodée en or. Il a des gants blancs et tient en main un aspersoir. Les costumes des autres figures sont à peu près semblables à ceux qui ont été décrits à la planche n° 135 du troisième volume. Les moines sont vêtus de noir.

PLEVREVR
XIVᵉ SIÉCLE

# PLEUREUR

La coutume d'avoir des personnes vêtues de deuil et payées pour pleurer aux funérailles semble fort ancienne. Cet usage paraît avoir été plus généralement répandu en France, où il se conserve encore de nos jours dans quelques parties de la France, surtout dans le midi, et d'où il s'était propagé dans le nord de l'Italie, ainsi que j'en ai eu la preuve par plusieurs monuments. Il y a dans une des chapelles de l'église de Saint-Ambroise, à Milan, un tombeau consacré à la mémoire de quelques membres de la famille Visconti, où le sculpteur a placé, au-dessous du bas-relief qui représente les personnages ensevelis, cinq figures de pleureurs dans l'attitude de leur profession. Le marbre a été peint en noir pour exprimer les vêtements de deuil, ce qui produit beaucoup d'illusion. Les manches, par leur forme rétrécie au poignet, participent des modes en usage pendant ce siècle, et offrent quelque ressemblance avec celles de quelques autres costumes que j'ai donnés dans cet ouvrage.

Un petit office, conservé dans la bibliothèque Ambroisienne, m'a confirmé dans l'opinion que ce costume est celui d'un des pleureurs qui assistaient aux funérailles. Il en présente de semblables et dans la même attitude autour d'un mort. Le beau manuscrit de Froissard, conservé à la bibliothèque royale ·de Paris, m'en a également offert d'autres répétitions.

JEVNE FLORENTIN
XIVe SIÈCLE

55

# JÉUNE FLORENTIN

Les peintres des XIII<sup>e</sup> et XIV<sup>e</sup> siècles ont bien rarement traité des sujets de l'histoire contemporaine. Presque tous leurs tableaux ont dû être composés pour satisfaire aux pieux désirs des religieux qui les commandaient, et ne représentent en général que l'assemblage de plusieurs figures de saints symétriquement posées à côté les unes des autres. Dans quelques unes de leurs compositions ils ont travesti l'histoire sacrée en donnant les costumes de leur temps à tous les personnages de l'Ancien et du Nouveau-Testament. Il est à regretter qu'ils n'aient pas été chargés de consacrer la mémoire des faits historiques de leur patrie; car on peut être convaincu, par l'examen de ce qu'ils ont fait, de la naïve et scrupuleuse vérité avec laquelle ils les auraient rendus. J'ai extrait le costume suivant d'un tableau de l'école florentine où le peintre a osé plus que ses devanciers. Il a représenté une des scènes décrites par Boccace dans l'introduction de chacune des journées qui composent son *Décaméron*.

Le jeune Florentin de ce tableau est coiffé d'un bonnet verdâtre sur lequel se croise un petit voile blanc. La simarre est écarlate, et les manches ont une doublure verte. La ceinture est de cuir brun, et les chausses sont rouges.

Ce tableau offre beaucoup d'analogie, soit dans l'exécution, soit dans les costumes, avec les peintures à fresque qui ornent une salle basse du palais Borromée, à Milan, et avec celles dont les restes, presque effacés, se voient encore sous les portiques de la cour de ce même palais.

NOBLE FLORENTINE
XIVᵉ SIÈCLE

28

# NOBLE FLORENTINE

Ce costume est extrait du même tableau que le précédent, et l'on y verra combien était général, en France et en Italie, l'usage d'entortiller les cheveux dans un lacet noir. J'en ai fourni dans cet ouvrage plusieurs exemples, et celui-ci servira encore à confirmer, d'une manière toujours plus positive, combien les costumes de France, d'Angleterre et d'Italie avaient de rapports entre eux. Les nombreux boutons d'or qui garnissent la simarre de cette jeune Florentine prouvent encore l'abus qu'on faisait de ces riches ornements que des lois somptuaires n'avaient pu proscrire.

La noble Florentine que figure le tableau du *Décaméron* est vêtue d'une ample simarre d'une étoffe d'un bleu clair richement brodée en or. La doublure en est jaunâtre. La manche de dessous est bleue et ornée d'une broderie d'or. La seconde robe est écarlate, également brodée en or, et la chaussure est noire. La ceinture est de cuir brun avec des ornements dorés.

Les peintures de Michelini, dans le palais Borromée, à Milan, offrent encore une analogie frappante avec le costume de cette noble florentine. J'en ai retrouvé de nombreux exemples dans plusieurs autres monuments du XIV<sup>e</sup> siècle.

Noble Milanais
XIVᵉ Siècle

# NOBLE MILANAIS

Ce costume a été tiré de l'un des fragments de peinture presque effacés, dont on retrouve encore quelques vestiges sous les portiques qui entourent la cour de l'église de Saint-Ambroise, à Milan. Cette peinture appartient au commencement du xive siècle, et le peu qui en reste fait regretter de ne pouvoir juger qu'imparfaitement des progrès que cet art avait déjà faits en Lombardie à cette époque. Je n'ai pu retrouver ni le nom du peintre qui en fut l'auteur, ni l'explication du sujet qui y était représenté; on sait seulement par tradition qu'il s'y trouvait une image de la Vierge dont on peut à peine reconnaître quelques traits sur ce mur dégradé, et le peuple semble encore attacher un sentiment de vénération à cette image disparue.

Ce costume a beaucoup de rapports avec ceux de la plupart des nobles Italiens ou Florentins qui figurent dans notre ouvrage, mais il offre cependant quelques variations, et c'est pour cela que nous lui avons donné place, sans craindre de tomber dans une pure répétition.

L'aumusse est de la même fourrure que celle du Sénateur de Rome qui occupe le n° 79 de la présente édition, ainsi que la doublure du manteau. L'habit de dessous avec les manches courtes est vert. Les manches de dessous sont noires. Le manteau est écarlate et fermé sur la poitrine par une rangée de petits boutons blancs. Il y a en a également aux manches noires. La chaussure est noire.

NOBLE MILANAISE
XIVᵉ SIÈCLE

58

# NOBLE MILANAISE

Le costume de cette noble Milanaise est copié sur la pierre sépulcrale d'une femme que l'on dit être de la famille Visconti, mais dont on ignore le nom. Ce monument est conservé dans la chapelle de Bréra. La dame y est coiffée d'un voile qui lui retombe sur les épaules. Elle a le menton et le cou enveloppés d'un autre voile. Elle porte un ample manteau retenu par un petit lacet en guise d'agrafe. La robe est sans ornements et a pour ceinture une petite corde ou cordonnet semblable à ceux des moines. La robe est ouverte sur la poitrine, de manière à laisser passer la tête.

Ce costume s'est encore offert à moi, avec peu de variations, dans une ancienne peinture de Giotto, conservée dans la galerie de Bréra, et dans plusieurs autres monuments du XIV<sup>e</sup> siècle.

Le manteau y est ordinairement bleu et doublé de fourrure ou d'une étoffe blanche. La robe est ou couleur de laque ou violette, et la ceinture y est aussi en harmonie avec le reste. Les voiles sont blancs et la chaussure est noire.

Un bas-relief, qui faisait partie d'un monument d'une autre Visconti, présente encore un exemple du même costume de femme, avec la seule différence que celle qui y est agenouillée a des petites manches pendantes à partir du coude, et que celles de dessous sont garnies d'une rangée de boutons jusqu'au poignet.

Il y a dans la galerie de Bréra un tableau de *Fra Carnevali*, dans lequel on voit une noble Milanaise qui offre presque une répétition de ce costume, car il n'y a de différence que dans la coiffure. Le manteau est bleu et retenu au cou par un lacet rouge ; il est garni d'une légère broderie d'or enrichie de perles et doublé d'hermine. La robe est de brocart.

Il y a dans la même salle une Vierge de Giotto qui a autour du cou un voile disposé de la même manière, et qui a aussi un costume presque entièrement semblable.

Une Madone de *Nicolo Fulignate*, dans la même salle, a la robe lacée avec un cordon en or ; elle a une ceinture absolument semblable à celle-ci et formée par un cordonnet en or.

Dans une autre peinture, de *Carlo Crivelli*, à laquelle j'ai emprunté un costume vénitien, l'ajustement de la tête est absolument semblable à celui de la Visconti ; mais le voile qui recouvre les épaules est orné d'une broderie en or et d'une petite frange blanche.

. 50.

SENATEUR VÉNITIEN
XIVᵉ SIÈCLE

# SÉNATEUR VÉNITIEN

J'ai compris, sous ce titre, la plupart des nobles vénitiens du XV• siècle, appelés par leur rang et leur naissance à faire partie du gouvernement, sous la présidence du doge; car le droit de siéger soit dans le conseil des Dix, soit dans le Grand conseil, ou même les charges dont ils étaient investis ne paraissaient pas leur imposer la nécessité d'aucun costume particulier. Il me suffira donc d'en décrire deux ici pour compléter les renseignements qu'on pourrait désirer sur cette classe illustre de citoyens de Venise.

J'ai extrait ce costume du magnifique tableau de *Gentile Bellino*, dont j'ai déjà parlé et qui m'a été si utile. Cette peinture, exécutée l'an 1496, représente une procession sur la place de Saint-Marc, où l'artiste a répandu avec profusion une multitude de portraits des principaux personnages de cette époque. Le sénateur ici gravé porte une toque rouge et un manteau d'écarlate doublé d'hermine. Le capuchon, de la même étoffe, est également garni et doublé d'hermine. L'habit de dessous est noir.

GONDOLE VÉNITIENNE
XIVᵉ SIÈCLE

# GONDOLE VÉNITIENNE

Les gondoles de Venise conservent depuis plusieurs siècles leur forme svelte et leur légèreté ; la situation singulière de cette ville, qui semble sortir du sein des flots, a dû rendre de tout temps indispensable l'usage de la gondole et a dû en faire perfectionner de bonne heure la construction. Celle que je donne dans la planche suivante est extraite d'un tableau de *Gentile Bellino*, conservé dans l'Académie des beaux-arts, à Venise.

La gondole est noire, avec un tapis blanc sur la proue qui est terminée par une pointe garnie de fer. Dans l'intérieur, le bois de la gondole et les bancs sont d'une couleur claire ; la cabane est recouverte d'un tapis noir.

La dame qui est assise dans la gondole a des manches pendantes couleur de laque, et garnies de perles dans la partie supérieure. Les cheveux sont entortillés avec un fil de perles. La manche pendante laisse voir la chemise à l'épaule et la manche de dessous est jaune.

Cette dame est accompagnée d'une duègne entièrement habillée de noir, à l'exception d'un petit voile blanc sur la poitrine.

Le gondolier porte un bonnet rouge dont le bord retroussé est blanc. Le pourpoint est de velours bleu ; les manches laissent voir la chemise aux épaules et aux coudes. La ceinture, la bourse et le poignard sont noirs avec garnitures d'argent. Les chausses sont jaunes.

« La gondole est encore aujourd'hui ce qu'elle était au xiv⁰ siècle, une caisse de voiture entée sur une pirogue. La pirogue est longue, légère, sensible au toucher ; elle est garnie à la proue d'une grande pièce de fer qui se redresse en col de grue, et qui est armée de larges dents. La cabine est toute drapée de noir, comme un catafalque. On y entre à reculons par une seule portière, et l'on y trouve deux siéges de maroquin noir sur lesquels on peut se coucher avec délices, en étendant les jambes sur des banquettes latérales.

« Si l'on veut voir sans être vu, on pousse devant la glace une persienne et si l'on veut se cacher entièrement aux regards importuns de la lumière, on fait glisser sur des coulisses des panneaux de bois tendus de drap noir.

« Tout est délicieux dans la gondole. Le balancement en est voluptueux : le silence y permet la causerie ou la rêverie ; le mystère y envelopperait l'amour ; elle est douce comme le berceau et secrète comme la tombe.

« On dit que la couleur uniformément noire des gondoles fut exigée par les lois somptuaires de la république. Je crois plutôt que les nobles songeaient à n'être pas reconnus ; ils voulurent masquer leurs mouvements dans une sorte de domino noir, de même qu'ils masquaient leur visage sous un loup. »

COVRONNEMENT DE GALÉAS VISCONTI
XIVᵉ SIÈCLE

# COURONNEMENT DE G. VISCONTI

Galéas Visconti, connu en France sous le nom de comte de *Vertu*, après avoir réuni sous sa domination tout le duché de Milan, en acheta l'investiture de l'empereur Winceslas, pour le prix de 100,000 florins d'or. Le missel que l'on conserve dans les archives de l'église de Saint-Ambroise à Milan, et auquel j'ai déjà emprunté le n° 53 de la présente édition, est enrichi de miniatures très-curieuses qui accompagnent la relation de cette cérémonie écrite par G. Azzanelli. On y retrouve un tableau si vrai des mœurs et des costumes du xiv⁰ siècle, que j'ai cru intéresser vivement le lecteur en lui donnant ces peintures dont le fini et les détails ne laissent rien à désirer. Le récit que je reproduis servira également à expliquer les usages de cette époque.

« Le nouveau duc sortit du château accompagné de plusieurs seigneurs de sa famille, d'une foule de grands personnages de diverses nations et des ambassadeurs des principales villes d'Italie. Ils étaient précédés d'un très-grand nombre de musiciens qui exécutaient avec divers instruments les plus agréables symphonies. Le cortége se rendit dans cet ordre à Saint-Ambroise, où l'on avait dressé sur la place un grand échafaud carré, entouré d'une barrière circulaire et recouvert dans le bas et jusque sur les degrés mêmes d'une riche étoffe écarlate. Le dessus était garni de brocart d'or. C'est sous ce dais magnifique que le lieutenant impérial attendait le nouveau duc pour lui donner l'investiture de ses États. Sur la gauche, cinq cents cavaliers étaient rangés en bataille sous les ordres de Paul Savelli et de Hugues *Biancardo*. Lorsque Jean Galéas arriva, le lieutenant impérial lui fit un accueil plein de respect, et le plaça dans le lieu le plus élevé en le faisant asseoir à sa gauche. Les prélats, les seigneurs et les ambassadeurs prirent également place sur le même échafaud. A droite, un chevalier bohémien tenait la bannière impériale, tandis qu'à la gauche Othon de Mandello portait la bannière du duc aux armes des Visconti.

« Lorsque tout le monde eut pris place et que le calme fut rétabli, Jean Galéas se leva et alla se mettre à genoux devant le plénipotentiaire impérial, entre les mains duquel il prêta serment. Alors ce seigneur le revêtit du manteau ducal, et après lui avoir présenté la main pour le relever et l'aider à s'asseoir sur le trône, il lui posa sur la tête la couronne des ducs, toute enrichie de pierres précieuses évaluées à la somme de 200,000 florins.

« Les hymnes religieux chantés par les prélats et les évêques, un panégyrique prononcé par l'évêque de Novare, et tout ce que l'adulation put imaginer pour flatter l'amour-propre du nouveau duc, terminèrent cette brillante cérémonie. Galéas Visconti monta ensuite à cheval avec le lieutenant impérial et traversa la ville avec cette pompe et sa noble escorte pour se rendre au Palais-Vieux. Le dais sous lequel il marchait était porté par huit chevaliers et autant d'écuyers. »

SVITE DV COVRONNEMENT DE GALÉAS VISCONTI

XIV^e SIÈCLE

# COURONNEMENT DE G. VISCONTI

(SUITE.)

Cette seconde miniature, extraite du même missel que la précédente, offre la suite de la cérémonie du couronnement de Galéas Visconti.

Le trône et le baldaquin sont recouverts d'une étoffe écarlate brodée en or. Le lieutenant impérial porte un manteau écarlate doublé d'hermine et orné de broderies d'or. Sa chaussure est dorée. Il pose sur la tête du duc le bonnet ducal, qui est rouge, avec une couronne d'or enrichie de pierres précieuses. Le manteau est écarlate avec doublure et garniture d'hermine.

Du côté de la bannière impériale, on voit d'abord un écrivain assis sur un tabouret blanc. Ses chausses sont rouges et la soubreveste couleur de minium. Celui qui lui parle est vêtu d'écarlate garnie d'hermine Le jeune homme qui est derrière est vêtu de bleu garni d'hermine, et le troisième l'est d'écarlate. Le chevalier qui tient la bannière a une soubreveste de brocart à fleurs rouges, doublée et garnie d'hermine. Les chausses sont rouges. Enfin la figure placée derrière le trône porte une soubreveste bleue et des chausses verdâtres.

De l'autre côté, le premier a la soubreveste verte et les chausses rouges. Celui qui tient la bannière ducale est entièrement vêtu d'écarlate garnie d'hermine. L'autre ensuite, vers le trône, porte une soubreveste verte avec des chausses rougeâtres. Le chevalier qui tient l'épée est vêtu d'écarlate avec des broderies noires sur lesquelles il paraît qu'il y avait des devises. La soubreveste est doublée et garnie d'hermine. Le jeune homme placé derrière lui a la soubreveste blanche, la ceinture noire, une chausse bleue et l'autre blanche. Le suivant est vêtu d'écarlate, et enfin le dernier l'est de bleu avec des chausses jaunes. L'autel et les figures qui l'entourent se détachent sur un fond vert brodé en or avec des fleurs rouges. Le devant de l'autel est doré et enrichi de pierres précieuses. La croix, le calice et les chandeliers sont en or. Les coussins sont violets.

L'évêque a la chasuble bleue avec des fleurs en or et le collet noir brodé en or. La mitre est blanche et enrichie de pierres précieuses. Près de l'autel est également un noble milanais vêtu d'une soubreveste écarlate garnie d'hermine. Le capuchon et les manches de dessous sont verts, et les chausses sont rougeâtres.

MASTINO II.
XIVe SIÈCLE

63

# MASTINO II

Le costume suivant ajoutera de nouveaux détails à ceux qu'on pourrait désirer sur la famille des Scaliger, qui régna avec quelque gloire à Vérone, y fit fleurir les beaux-arts, et se rendit célèbre par sa magnificence et sa valeur. Le tombeau de ce guerrier est orné de quatre colonnes qui supportent une masse énorme de marbre vert antique, au-dessus duquel est placé, à une très-grande hauteur, sa statue équestre. C'est un des plus riches costumes militaires que m'aient offerts les monuments du XIV\* siècle.

Mastino II mourut l'an 1351, après avoir gouverné avec honneur Vérone, Brescia, Parme et Lucques.

La grille en fer qui entoure la place où ont été élevés ces divers tombeaux est un travail remarquable de cette époque. Elle est ornée des armes de la famille.

COSTVME MILITAIRE
XIVᵉ SIÈCLE

# COSTUME MILITAIRE

J'ai extrait ce costume militaire de l'une des statues qui ornent le tombeau de *Mastino II*, d'où j'ai tiré le costume précédent. Ce guerrier porte un casque garni de mailles pour défendre le cou, dans le genre de celui que j'ai donné au n° 19; et, de plus, il a au menton un morceau de cuir garni d'acier, qui se relevait sur le front, s'y accrochait, et servait à garantir cette partie de la figure et le nez. J'ai retrouvé de fréquentes répétitions du casque dans les monuments de sculpture et de peinture du XIV<sup>e</sup> siècle, à Vicence, à Padoue et à Venise. Le militaire ici représenté diffère encore de ceux que j'ai donnés dans le cours de l'ouvrage, en ce qu'il porte un manteau. J'en ai remarqué de semblables dans les peintures qui décorent une des chapelles de Sainte-Anastasie, à Vérone. Le manteau y est ordinairement écarlate avec doublure de fourrure ou d'étoffe blanche. La soubreveste est blanche; la ceinture noire avec des boutons d'or. Le poignard a le fourreau rouge et la poignée dorée. L'armure est d'acier et les gants sont noirs.

CAN SIGNORIO

XIVᵉ Siècle

# CAN SIGNORIO

Parmi les précieux monuments d'antiquité qui rendent Vérone une des villes les plus remarquables de l'Italie, nous avons vu que les tombeaux des *Scaliger* sont du nombre de ceux qui présentent le plus d'intérêt, soit par les personnages dont il nous ont transmis les traits, soit par les notions précieuses qu'ils nous ont fournies sur l'état de la sculpture à cette époque. Can Signorio naquit l'an 1340 et mourut l'an 1375. Il se fit élever ce monument et n'épargna ni soins ni dépenses pour qu'il surpassât en magnificence les autres mausolées.

Celui-ci a la forme d'une pyramide soutenue par des colonnettes gothiques ; il est orné de clochetons à jour et décoré de figures et de bas-reliefs. L'inscription fait un éloge pompeux des vertus, de la bonne foi et de la valeur de ce prince, sans parler, bien entendu, du meurtre de son frère qu'il assassina le 14 décembre 1359.

Heureusement que l'histoire n'est pas écrite seulement sur les épitaphes que les princes se rédigent d'avance ou qui sont rédigées après leur mort par leurs créatures. L'histoire nous apprend donc que Can Signorio assassina publiquement et en plein soleil son frère Can Grande II, qui, lui aussi, était un méchant homme. L'ayant rencontré qui passait à cheval près de l'église de Sainte-Euphémie, il se précipita sur lui et lui passa son épée au travers du corps.

Proclamé seigneur conjointement avec son autre frère, Paul Alboin, il commença par le faire enfermer dans le château de Peschiera ; ensuite il donna l'ordre de l'étrangler, afin d'assurer ainsi la souveraineté de Vérone à ses deux bâtards, Barthélemy et Antoine, qui en effet lui succédèrent, grâce au meurtre de leur oncle. Antoine, qui chassait de race, suivit l'exemple paternel, et il fit assassiner son frère, après quoi il eut l'infamie d'accuser la maîtresse de Barthélemy et de la faire mourir dans les tourments, croyant se laver par là de l'horrible soupçon qui pesait sur lui, et que l'histoire n'a que trop justifié.

PALAIS DV PODESTAT, À FLORENCE
XIVᵉ SIÈCLE

# PALAIS DU PODESTAT

Quelle étrange destinée semble envelopper les choses et les hommes dans les mêmes révolutions ! Voici l'édifice où habitait le magistrat suprême d'une ville libre. Les armoiries qui tapissent encore les murs de cette cour s'effacent insensiblement, et les noms des magistrats auxquels elles appartinrent rentrent dans l'oubli. Cet escalier ne conduit plus aux appartements habités par le chef de la république. Les salles où se réunissaient ses conseillers ne retentissent plus aux mâles accents de citoyens libres. Le silence des sombres corridors qui les divisent en étroits cachots n'est aujourd'hui interrompu que par le bruit des pas pesants du geôlier.

Le premier podestat de Florence fut élu l'an 1207, et son habitation fut provisoirement fixée à l'évêché [1]. Les premières assemblées du peuple n'eurent d'abord aucun lieu fixe pour leurs réunions. C'était ordinairement dans les églises que se discutaient les intérêts de l'État et que se faisaient les élections des magistrats. Mais dès que le gouvernement se fut consolidé, les esprits s'enflammèrent de la noble ambition d'embellir la patrie. Le premier besoin fut celui d'assigner un édifice convenable aux réunions des conseils qui régissaient l'État, et en même temps une habitation digne du magistrat suprême de la république. Arnolfo di Lapi,

[1] Gio. Villani, *Stor.*, lib. V, cap. xxxii.

que Vasari nomme le *Cimabue* de l'architecture, fut chargé du noble emploi de faire sortir de ses fondements le palais de la *commune* (an 1250).

L'autorité du podestat ayant paru trop excessive, ou le peuple ennemi des nobles ayant voulu un chef particulier, on créa un autre magistrat sous le nom de *capitaine du peuple*, étranger comme le podestat, et comme lui appelé d'une ville voisine. Ce capitaine avait le commandement de la milice en temps de guerre ; et, lorsqu'il était nécessaire, il devait apaiser les tumultes et châtier les séditieux. Ce double emploi de podestat et de capitaine du peuple fut cause que dans plusieurs villes, comme à Florence, on eut deux palais publics, l'un desquels prit le nom de *palais de la commune*, où habitait le podestat, et l'autre de *palais du peuple*, où habitait le capitaine [1].

[1] Muratori, *Antiquitates Italicæ medii ævi*, Diss. XLV.V-XLVI.

FIN DU TOME PREMIER.

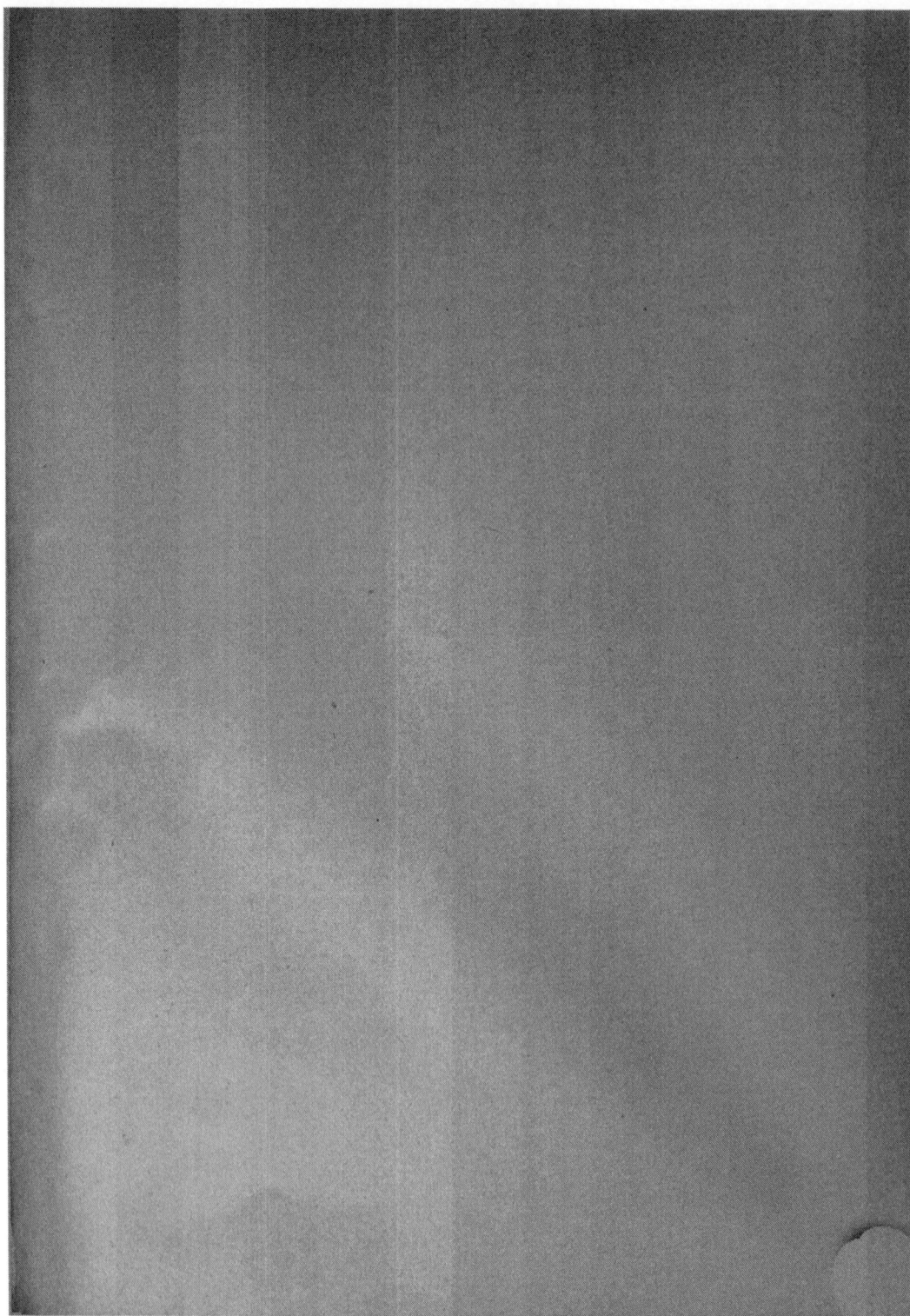

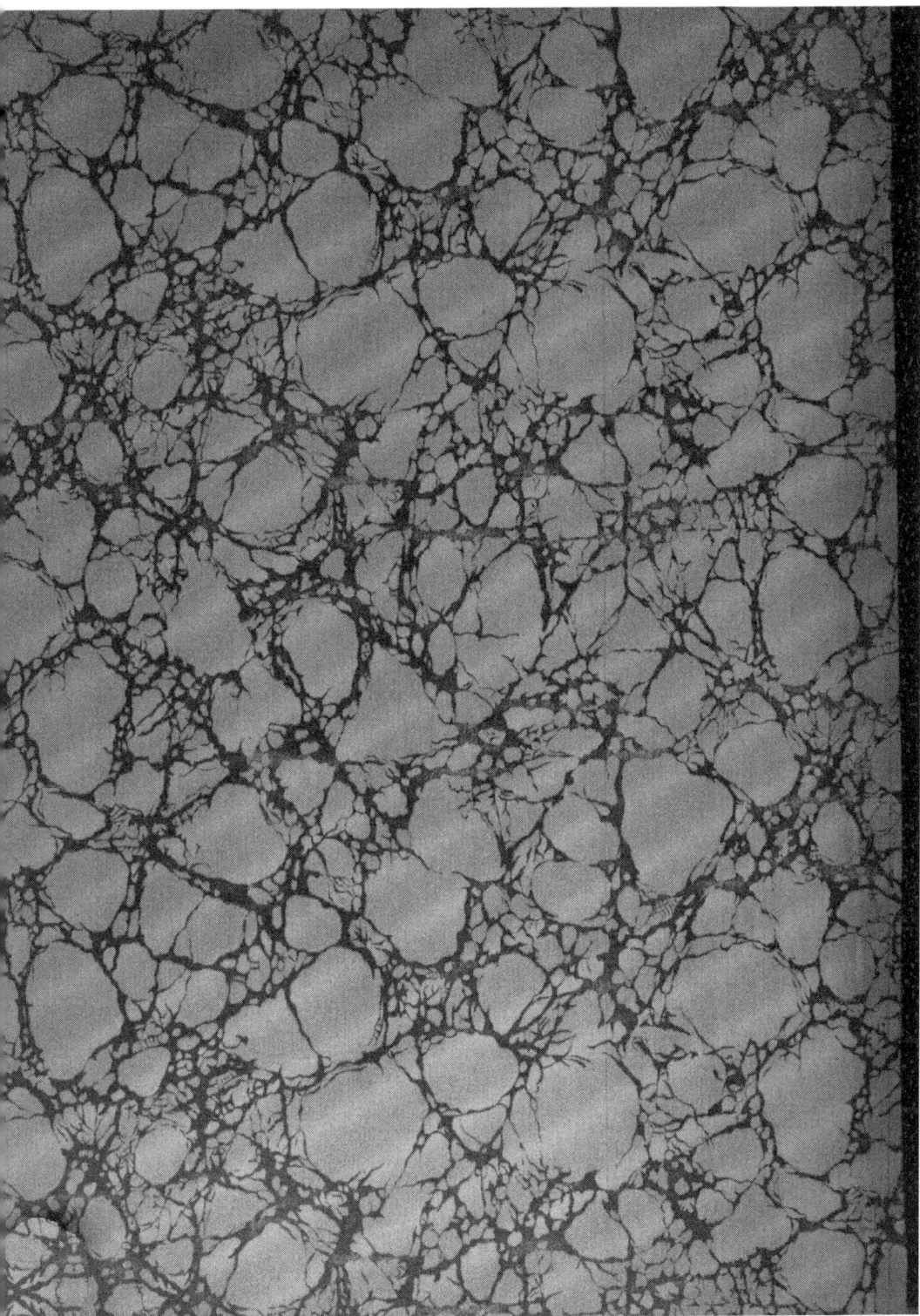

Milton Keynes UK
Ingram Content Group UK Ltd.
UKHW022007181223
434628UK00005B/298